Avertissement

En achetant ce livre, vous avez également participé à faire progresser un enfant en difficulté scolaire.

Chaque vente de ce livre permet de verser **10 % de royalties** à des associations qui s'engagent dans la lutte contre le décrochage scolaire et le soutien éducatif des élèves défavorisés. **L'objectif de ces fonds** est d'équiper les répétiteurs bénévoles avec des outils didactiques essentiels tels que des livres, des supports et des matériels pédagogiques, et bien plus encore.

« *Le Psaume de la Grâce est l'expression d'un cœur qui a expérimenté la faveur divine. Tout comme dans la Bible où le livre des Psaumes se situe entre le livre de Job et celui des Proverbes, ces Psaumes à la Grâce nous amènent à contempler la bonté de Celui qui nous a délivrés de la fosse, à l'image de Job, et à vivre dans la reconnaissance et la sagesse, comme dans les Proverbes.*
Cet ouvrage est véritablement une merveille. »

— **Christ Mbina**
Ingénieur en génie électrique et énergies renouvelables
Prédicateur et Responsable dans le département
d'évangélisation
AD Temple des Nations

« *Comme on le dit souvent : Nul n'est prophète chez soi. Pourtant, en lisant le livre de mon fils, Psaumes à la Grâce : une thérapie de l'âme, je suis encore plus convaincu que Dieu le connaît et l'utilise vraiment. Gaël, tu es un véritable serviteur de Dieu. Que Ses bénédictions t'accompagnent toujours.* »

— **Noël Bobo Zanu**
Père de l'auteur
Diplomate – 2e conseiller à l'ambassade de la République
Démocratique du Congo au Sénégal

« *J'ai lu ce livre captivant en deux jours et j'en ai conclu que le choix de Dieu se fait dès le sein maternel. Le Psaume 33 est celui qui m'a le plus touché : je m'y suis identifié et j'en ai versé des larmes. Dieu t'a choisi, Gaël.* »

— **Sabine Mingomba**
Mère de l'auteur
Fonctionnaire d'État au Service National d'Approvisionnement et
de l'Imprimerie (SENAPI, Ministère du Budget)

Psaumes à la GRÂCE

Une thérapie de l'ÂME

Gaël BOBO

Psaumes à la GRÂCE

Une thérapie de l'ÂME

LA CITE DE LA PAROLE

Sauf indication contraire, tous les versets bibliques sont tirés de la version Louis Segond

Psaumes à la GRÂCE : « Une thérapie de l'âme »

© Gaël BOBO, 2024
Sannois, France
Imprimé à la demande
Dépôt légal : Janvier 2025
ISBN broché : 978-2-9597155-0-1
ISBN Ebook : 978-2-9597155-1-8

Pour en savoir plus sur **Gaël Bobo**, voir :

X : @bobogaelbaza
Courriel : lacitedelaparole@gmail.com
Facebook : LA CITE DE LA PAROLE
Instagram : @lacitedelaparole
TikTok : @lacitedelaparole
YouTube : @LACITEDELAPAROLE

*A ce Dieu si proche et bienveillant qu'on a parfois du mal
à y croire.*

*À mon cher grand-père défunt, Auguste BOBO, dont je
garde encore le souvenir qu'il m'habillait en blanc, assorti
à sa propre tenue, me tenant la main chaque dimanche
matin pour se rendre à l'église.*

Sommaire

Préface

Un jour, mon esprit était attiré par un enseignement que j'avais entendu d'un prédicateur très pointu. Il disait : "*Il y a la Parole et il y a la semence de la Parole. Les uns se bornent à entendre la Parole, mais les autres l'écoutent et permettent à sa semence dans le cœur de produire une vie d'impact et d'abondance en vue d'un riche service à la gloire de Dieu.*"

Notre cœur est une porte importante, et tout ce qui y entre peut guérir ou rendre malade. Mais lorsqu'un homme se met à crier sur le toit ce que le Seigneur a fait de lui, de sa vie et de sa destinée comme témoignage, cela prouve que la semence a bien produit.

C'est pourquoi, quand Gaël Bobo écrit le Psaume de son émerveillement comme témoignage, il parle à la première personne du singulier avec un « JE » accentué.

Son témoignage est à la fois un hymne et une expression de reconnaissance, une action de grâce devant l'œuvre façonnée par les habiles mains de son Créateur. Tel un voyageur qu'on fait passer à travers les méandres de sa vie et qui s'émerveille de tout ce qui s'est passé, l'auteur de ce livre raconte sa vie, lui fait faire des arrêts ou des changements de rythme, tantôt en prose, tantôt en poésie, pour décrire tout ce qui fait appel à la grâce.

On pourrait bien se poser la question : Que sera cet enfant ? Une expression qu'on disait de Jean Baptiste, faisant allusion à la grande destinée et mission qui lui étaient réservées.

Les témoignages de ce livre ne sont ni des rêves, ni des chimères, ni même des méditations écrites sous inspiration, même s'ils sont la source de ce que la plume a rapporté.

Oui, ces témoignages sont le fruit de la grâce qui a mis son empreinte sur la vie de celui que l'Éternel a voulu consacrer à Lui. Échappé d'un avortement, sauvé d'un accident par la « *Mano de Dios* », comme il le décrit, tiré d'un hangar complètement écroulé sur lui, sorti d'un véhicule cabossé et arrêté par une cabine électrique de haute tension pour ne pas finir dans la mer, tout semble être orchestré par Celui qui tient les vies entre Ses mains pour permettre à la grâce de surabonder dans la vie de Gaël.

C'est dans cet univers de la destinée que sa nouvelle naissance en Christ est venue tout changer par le doigt de Dieu et faire de lui cet auteur que je recommande. Ce cheminement avec Dieu le fera dire avec certitude que "LA VIE EST DANS LA GRÂCE." C'est pourquoi on peut bien la célébrer, tantôt par la poésie, tantôt avec des vers en prose que vous découvrirez en parcourant les pages du livre.

En lisant ce livre, je peux bien comprendre que ce fils que le Seigneur m'a donné est un homme à part, destiné à être une source de bénédictions pour les nations. Son écoute de la Parole de Dieu se voit entre les lignes et les pensées qui jalonnent les chapitres. Que sera donc cet enfant de la grâce qui parle et écrit ?

Révérend Mignane NDOUR
Pasteur Principal à AD Temple des Nations de Dakar
Vice-président des Assemblées de Dieu du Sénégal

Introduction

Un jour, mon épouse et moi discutions de l'impact que ce livre pourrait avoir sur les lecteurs et auditeurs. C'est là qu'elle m'a dit une phrase qui m'a profondément marqué et que je n'oublierai jamais : « *Gaël, ces psaumes sont l'expression de ton âme. C'est avant tout une thérapie pour ton âme.* » Alors que j'essayais de me détacher de tout ce que j'ai ressenti tout au long de l'écriture de ce livre, mais les paroles de ma femme m'ont ramené à une vérité essentielle : j'ai été le premier à être touché par la profondeur de chaque mot à chaque fois que je finissais d'écrire un psaume. Ce livre révèle l'état de mon être intérieur, mais plus encore, il témoigne de la relation intime que j'entretiens avec mon Créateur, mon Père, *c'est ma thérapie de l'âme.*

Depuis aussi loin que remontent mes souvenirs, même enfant, j'ai toujours été immergé dans l'adoration et la louange. Ma mère achetait toutes les cassettes de chansons chrétiennes populaires, et nous les écoutions en boucle, jour après jour. Adolescents, mes frères et moi avions commencé à explorer d'autres styles de musique, celles dites « mondaines », mais en réalité, j'ai toujours eu cette sensibilité particulière pour de belles mélodies, peu importe le genre ou le style musical. Cependant, après avoir donné ma vie à Christ, je ne me nourris maintenant que de musique qui élève Jésus et glorifie Dieu. Mon père, quant à lui, n'a jamais cessé de m'encourager à chanter et composer des chansons, répétant avec humour : « *Qui sait, tu seras peut-être célèbre sur la toile un jour !* ». Ses mots résonnent encore comme une prophétie.

Soit dit en passant, je ne me souviens pas d'un seul jour où je suis allé prendre une douche sans que je ne me laisse emporter par un chant ou une mélodie inspirée d'ailleurs. Je suis de ceux qui chantaient si fort sous la douche que cela agaçait... et aujourd'hui, c'est ma femme qui en fait les frais.

Mais, au-delà des voix angéliques, des paroles ou des instruments (que je ne maîtrise pas d'ailleurs), je réalise maintenant qu'écrire un psaume est bien plus qu'un simple chant ou une prière, c'est une fenêtre ouverte sur la profondeur de notre relation avec Dieu ; c'est mettre son âme à nu devant Dieu pour qu'Il en sonde chaque recoin. Chaque vers est un miroir qui nous force à nous poser des questions essentielles : « *Qu'est-ce que je pense vraiment de Dieu ?* » ou encore : « *Suis-je capable de Le décrire avec mes propres mots ?* »

Je suis convaincu que chacun de nous pourrait écrire un psaume, car la Bible nous enseigne que « *tout ce qui respire loue l'Éternel* » (Psaume 150 :6). Ceux qui entretiennent une intimité avec Dieu, qui reconnaissent Sa présence agissante dans leur vie, sont capables de saisir Sa grandeur et de la traduire en mots. Un psaume, pour moi, c'est voir Dieu à travers les yeux d'un admirateur, comme un enfant regarde son père et le voit comme le plus fort du monde.

Mais un psaume ne se limite pas à un instant : il est intemporel. C'est l'histoire d'une vie entière qui continue bien après nous, parce qu'elle reflète une facette immuable de Dieu. Chaque psaume est une clé ouvrant à une nouvelle dimension de contemplation divine, une porte vers des horizons de Sa révélation. Il nous fait entrevoir Dieu à travers les yeux du psalmiste et nous pousse à aspirer à une expérience plus intime avec Lui.

Cependant, un psaume est avant tout un voyage personnel, une inspiration venue des Écritures, un témoignage authentique. Chaque mot provient du plus profond de l'âme, et il reflète les joies, les peines, les victoires et les défaites de celui qui l'écrit. C'est l'épopée d'une vie, mais plus encore, c'est la mémoire d'un voyage aux côtés de Celui en qui on a placé toute sa confiance : Dieu. C'est aussi l'acte par lequel le Dieu des autres devient *notre* Dieu car nous avons nous-mêmes goûté à Sa présence, expérimenté Sa fidélité. À partir de ce moment-là, Il n'est plus un Dieu distant, mais *notre Dieu intime, notre Père céleste.*

Comme Jésus l'a dit à la femme samaritaine : « *Vous adorez ce que vous ne connaissez pas* » (Jean 4 :22). De même, quand Paul s'est rendu à Athènes, il a vu inscrit sur un autel : « À un dieu inconnu » (Actes 17 :23), il y a en l'homme cette soif innée de connaître Dieu mais cette connaissance ne vient pleinement que par la révélation et l'expérience personnelle ; sans cela, Dieu reste lointain, et pour certains, Il semble inexistant.

Pourtant, ce Dieu merveilleux, que nous avons eu la grâce de connaître, n'a jamais été aussi proche. Il dit dans Sa Parole : « *Voici, je me tiens à la porte, et je frappe. Si quelqu'un entend ma voix et ouvre la porte, j'entrerai chez lui, ... *» (Apocalypse 3 :20).

Un psaume, qu'il soit court comme le célèbre Psaume 23 écrit par David ou long comme le Psaume 119, est le fruit d'une quête constante de Dieu. Chaque vers reflète le cheminement quotidien à travers Sa Parole. C'est pourquoi, poussé par le Saint-Esprit, j'ai ressenti qu'il était important de partager aussi quelques témoignages personnels, pour donner vie aux psaumes qui m'ont été inspirés dans ce livre, comme il est écrit : « *Ils l'ont vaincu (l'accusateur de nos frères) à cause du sang de l'Agneau et à cause de la parole de leur témoignage, ...* » (Apocalypse 12 :11).

Je suis convaincu que, tout comme l'expression personnelle de ma gratitude envers mon Dieu s'est transformée avec le temps, la vôtre aussi se sublimera encore davantage. Pour ma part, je suis arrivé à la conclusion que c'est uniquement par Sa grâce que j'ai pu survivre et vivre, et c'est pourquoi mon existence entière n'est qu'un hommage d'action de grâce.

Je me reconnais parmi ceux qui, pauvres, ont reçu la bonne nouvelle de Jésus-Christ. Je fais partie de la cohorte des cœurs brisés qui ont été guéris, des captifs qui ont reçu la liberté, de ceux qui étaient aveugles mais dont Christ a ouvert les yeux par la révélation de Sa Parole de vérité. J'appartiens à ceux qui étaient opprimés mais qui, aujourd'hui, sont libres. Bien plus encore, je suis membre de cette grande famille en Christ, appelée "les rachetés", devenue enfants de Dieu, pour qui l'année de grâce a été proclamée. Rien ni personne ne pourra nous condamner ni nous séparer de l'amour inconditionnel de notre Père céleste, manifesté en Jésus-Christ. Alléluia ! (Luc 4 :18 ; Colossiens 2 :14 ; Romains 8)

C'est pourquoi, ma prière pour vous, chers lecteurs et auditeurs, est que ces Psaumes vous mènent bien au-delà de la simple beauté des phrases, pour que vous puissiez saisir la profonde révélation de la grâce divine. Que le témoignage de mon intimité avec Dieu vous ouvre les portes vers une relation plus profonde avec votre Père céleste.

Que ces psaumes réveillent en vous une prière, un chant, un poème ou même des écrits qui demeureront bien après vous, témoignant de votre cheminement avec votre Créateur. Que ce soient des moments de contemplation, de méditation et d'échange avec votre âme, mais aussi avec le Saint-Esprit, à l'image de Christ qui vit en vous.

Tout comme David, Moïse, Salomon, les fils de Koré, Asaph, Éthan l'Ézrachite et bien d'autres psalmistes bibliques ont inspiré nos prières et nos déclarations prophétiques dans nos assemblées et dans le secret de nos chambres, ma prière est que vous puissiez découvrir votre propre expression de foi et de reconnaissance. Que vous puissiez comprendre à quel point la mort et la résurrection de Christ impactent non seulement votre foi, mais aussi votre vie entière.

Je prie également que nos prières soient empreintes de grâce, qu'elles soient remplies de contemplation et d'actions de grâce pour ce Dieu merveilleux et aimant, plutôt que de plaintes. Car nous servons un Dieu pour qui rien n'est impossible.

Puis-je vous suggérer quelque chose ?

Avant de commencer à lire ou à écouter ce livre,

Chers lecteurs et chères lectrices, *mettez une douce mélodie inspirante en fond sonore. Si possible, lisez ces psaumes à haute voix et laissez votre âme s'imprégner de chaque mot. Ou bien, si vous préférez lire en silence, faites-le avec une soif de révélation, en repassant chaque verset dans votre cœur. Relisez-les encore et encore, et faites-en des sujets de prière et de déclarations prophétiques, si l'Esprit vous y conduit. Mais surtout, trouvez vos propres mots, écrivez-les, car ils seront l'expression de votre intimité avec Dieu. Cela deviendra le langage de votre intimité avec Dieu, le témoignage de votre relation avec Lui.*
Excellente lecture et bonne thérapie...

Chers auditeurs et chères auditrices, *laissez-vous emporter par ce que l'Esprit vous inspirera. Mettez des pauses après chaque passage qui vous touche, et priez avec vos propres mots. Si vous pouvez prier en langues, faites-le, et laissez le Saint-Esprit vous donner des paroles qui deviendront l'expression de votre âme devant Dieu. Ecrivez-les, ce sera votre témoignage lorsque vous parlerez de votre Dieu à vos proches.*
Excellente écoute et bonne thérapie...

Que Dieu vous bénisse abondamment,

Au nom de Jésus-Christ !

MON PREMIER TEMOIGNAGE

« *Dieu me connaissait dès le ventre de ma mère.* »

Commençons ce voyage avec mon premier témoignage. Au total, il y en aura cinq dans ce livre, et chacun d'eux a un point commun : ce sont des "*histoires de vie ou de mort*".

Ne vous inquiétez pas, je suis bien vivant, et j'espère l'être encore longtemps, grâce à Dieu. Mais j'ai souvent frôlé la mort, ce qui me pousse à croire que j'ai été gracié dès le ventre de ma mère.

Voici mon premier témoignage : « *Dieu me connaissait dès le ventre de ma mère* ».

Dans les années 90, en République Démocratique du Congo, mon pays d'origine, la dégradation des institutions publiques a entraîné le licenciement économique de nombreux agents de l'État, dont ma mère. Cette femme courageuse, qui s'occupait de sa famille depuis son plus jeune âge, s'est retrouvée brutalement sans emploi. Et comme si cela ne suffisait pas, elle est tombée enceinte de moi, elle qui a toujours était ambitieuse et sérieuse, envisageant même de devenir nonne dans sa jeunesse, cette nouvelle l'a frappée comme un coup de massue.

Dans une société qui stigmatisait les mères célibataires, elle devait maintenant faire face à la pression sociale, à la pauvreté, et au défi de subvenir aux besoins d'un enfant, en plus de ses neveux et nièces.

Dans son désespoir, elle a envisagé l'avortement, pensant que cela l'allégerait d'un fardeau de plus. Mon père, alors dans un autre pays, a tenté par l'intermédiaire d'amis de la convaincre de me garder mais elle était résolue à mettre fin à cette grossesse non désirée, ne supportant ni la honte ni la souffrance d'un quotidien marqué par la faim et le dénuement.

Un jour, alors qu'elle marchait seule dans la pénombre près du stade Tata Raphaël, lieu emblématique du célèbre combat entre Mohammed Ali et George Foreman en 1974, elle a fait une prière à Dieu : « *Si cet enfant vient vraiment de toi, garde-le. Sinon, je suis prête à l'avorter.* » Elle était seule, face à sa décision.

Ironie du sort, c'est durant ce célèbre combat qu'un slogan est né en lingala[1], "*Ali Boma Ye*", signifiant en français "*Ali, tue-le*". Le public congolais, tous fervents supporters de Mohammed Ali, scandait ce cri à l'unisson, espérant voir leur idole terrasser George Foreman. Pour ma mère, ce jour-là, le véritable combat se déroulait dans son esprit, où des voix intérieures réclamaient ma vie. Alors qu'elle longeait les murs du stade, elle fit tomber son chapelet trois fois en tentant de prier. Soudain, elle ressentit une main surnaturelle me remonter dans son ventre, et comme si un nœud s'était formé pour empêcher d'en sortir. Frappée de stupeur, elle s'écria juste : « *Eh !* » Ce moment fut décisif car elle renonça à l'avortement et donna sa vie à Jésus-Christ quelques temps après.

Et ainsi, en décembre 1991, un bébé joufflu voyait le jour à Bandal, Kinshasa. C'était la première fois que Dieu me sauvait de la mort.

Traverser des moments de solitude et d'abandon peut être accablant. Parfois, un mauvais choix semble éloigner ceux sur qui vous comptiez. Pourtant, comme ma mère l'a découvert, Dieu nous connaît intimement, même avant notre naissance. Il ne nous abandonne jamais même lorsque tout semble nous accuser en nous faisant croire que la mort est la seule issue, Dieu demeure fidèle et tend les bras de la restauration et du salut : Il est le Père de la vie. Quelqu'un a dit : "*C'est le Dieu des personnes qui n'ont personne*" et c'est vrai.

---

[1] L'une des langues nationales de la République Démocratique du Congo

Je t'invite à plonger dans la contemplation de ce Dieu merveilleux à travers les psaumes que tu es sur le point de découvrir. Que chaque ligne révèle non seulement la beauté de la vie qu'Il nous a offerte, mais aussi de toute la création dont Il est le maître d'œuvre. Montons ensemble un hymne de gloire à Sa Majesté. Laisse-toi emporter par la puissance de Ses paroles et découvre la profondeur de Sa grâce.

Livre Ier

« *Les Hymnes de la Grâce :
Échos de l'Âme vers le
Royaume Éternel* »

★

Psaume 1 - le Chant de la Création

*La splendeur des cieux se reflète sur l'éclat du miroir des
mers.*
*Le reflet sur les eaux tremble d'admiration pour son
créateur.*
*La faune et la flore, en harmonie, témoignent de sa
grandeur.*
*L'adoration des cygnes monte tel un parfum de bonne
odeur.*

Où sont ceux à qui il a donné la terre ?
Les fils de Dieu, à qui toutes dominations reviennent,
pour exalter le Roi des cieux, Ô chantre de l'Éternel.
Lui qui ne bouge de son trône de Gloire,
grâce sur grâce, ses yeux d'amour sur ses enfants.
J'entends les saints s'exclamer de joie tant ils sont bénis.
Toute la création reconnaît sa Seigneurie.

*Hosanna ! Toi qui es mort comme un simple homme et
ressuscité tel le Dieu infaillible,*
vie à jamais, et nous vivrons pour toujours.
Que nos cœurs s'apprêtent à te voir chaque jour.
*Jour de fête pour celui qui aura cru, et des pleurs pour celui
qui te saluera de loin.*

Hosanna ! À celui qui était, qui est et qui vient !
Gloire à Jésus, car il dit Oui et nous répondons Amen !

Psaume 2 - La Sagesse divine Cachée de la Grâce

J'ai vu le corbeau cacher sous son bec la sagesse de Dieu.
Sous la terre, les racines des mauvaises herbes gardent la
réserve des cieux.
Les lacs regorgent d'une intelligence dans les espèces
minuscules qui échappent aux yeux des hommes.
Toute la création s'accorde à être mystérieuse, nature de
son créateur.

Ô Dieu, pourquoi caches-tu ta gloire dans le miséreux, dans
le négligeable et le suspicieux ?
Dans les abysses, au fond des mers et des forêts, des déserts
et des reliefs montagneux.

Ta sagesse n'en finit pas d'étonner.
Du ver de terre à l'aigle qui déploie ses ailes glorieuses.
Tu te caches pour montrer à l'homme la grandeur de ton
humilité.

Psaume 3 - L'Étreinte de la Grâce Infinie

*La somme de tous les mots de mon existence ne pourrait
décrire le bout de ton orteil.
Ô Dieu, tends l'oreille, et écoute tes merveilles.*

*Je ne puis t'impressionner, alors j'emprunte tes propres
mots.
Ta parole qui résonne en moi me reconduit sans cesse à toi.
Quelle splendeur tu es, quelle richesse tu as !
Ne méritant rien, je ne crois qu'à ta grâce.
Puis-je te voir face à face, ou de dos, pour contempler la
gloire de ta bonté, toi le Dieu fidèle ?
Je ne puis attendre une seconde de plus, prends-moi dans
tes bras et emmène-moi dans ton paradis.
Loin d'ici, de ce monde et de ses cris.
Béni soit ce jour où les saints te verront à l'infini !
Tous ensemble dans la félicité céleste, c'est la scène d'un
couple enfin réuni.*

*L'épouse chante le nom de celui qui l'a rachetée,
Lavée de toute tâche et parfumée aux odeurs les plus
raffinées.
Les cloches des grenadiers des pans de sa robe sonnent.
Nos cœurs battent tel l'appel d'une belle surprise.*

*Jésus est là, nos yeux le voient,
Vêtu de blanc, il pose sa couronne sur nos têtes.
Et la fête dure un millénaire, nous dansons dans le fin lin.
Alléluia, de nos lèvres s'élève un refrain :
Que l'Époux vive éternellement et à jamais !*

Psaume 4 - Sous la Lumière de la Grâce

Le risque est pris quand je m'éloigne de toi.
Tu as fait grâce au plus vil, comme moi.

Comment puis-je croire que je survivrai loin de tes voies ?
Au quotidien, tu berces mes pas au son de ta voix.

Ô Père, Dieu de ma jeunesse, auteur de ma joie,
Je suis aveuglé par ta lumière, tes paroles nourrissent ma
foi.
Toi qui entends mes silences et transformes mes amertumes
en cris de joie,

Comment puis-je croire que je survivrai loin de ta grâce ?
Toi, mon Dieu, toi, mon Roi.

Psaume 5 - L'intimité de La Grâce

Merveilles, merveilles,
Qui a vu Dieu et n'a pas vu son Fils bien-aimé ?
Il m'appelle par mon nom et m'identifie par son nom.

Gloire, gloire, jouez aux instruments.
Silence, silence, que les oiseaux chantent en chœur.

Mon âme se languit de ses grâces.
L'odeur de son parfum environne ma demeure.
Juste Lui et moi, dans son intimité,
Il me dévoile les secrets les plus cachés de son cœur.

Petits à ses yeux, mais grands aux yeux de l'humanité,
Insensé devant sa face mais sage devant les plus âgés.
Toi qui, dès le ventre de ma mère, m'as appelé,
Tu m'as confié les hommes pour qu'ils fassent ta volonté.

Voici tes adorateurs, empressés de t'adorer,
Ô Dieu, pour l'éternité !

Psaumes 6 - Une pluie de grâces

L'arbre des champs soupire après les eaux du ciel.
Moi, j'attends avec impatience les pluies de tes
bénédictions, Éternel.

Le soleil lui donne la verdure pour son feuillage,
Ta gloire peint l'éclat de ta grandeur sur mon visage.
La sève qui le nourrit et le garde de l'hiver,
Ta parole est l'essentiel de mon âme, car elle me grandit.

Il était une graine oubliée des hommes.
Je n'étais qu'un enfant dépourvu d'amour.
Ta miséricorde nous a regardés, et ta grâce nous a adoptés.
Les hommes mangent de ses fruits, les nations te
connaissent à travers ma vie.

Ô toi qui vois dans un tas de terre, toi qui choisis dans un
lot de peuples,
Puisse ton nom être mis à part et célébré à la hauteur de ta
grandeur.

Psaumes 7 - L'allégresse des Saints

Les nuages dessinent ta main.
Chaque lever du jour annonce le lendemain.
Tu caches nos vies dans ton destin,
Et tu établis des rois et des sacrificateurs selon tes desseins.
En cris d'allégresse, aux grands festins,

De la captivité du péché à la table des saints,
J'élève ma coupe à ta gloire, toi, le Dieu trois fois saint.
Je mange le pain au nom de l'aîné de tous les saints.
Sainteté est le nom de tous les rachetés,
Pardonné est l'identité des enfants que tu engendres de ton
sein.

Hosanna ! À l'Éternel, Père et Dieu qui règne sur nos vies à
jamais !

Psaume 8 - L'Humilité, prix de la grâce

J'ai vu la prostituée devenir reine.
J'ai vu l'enfant du pauvre gouverner les riches.
J'ai vu le plus faible gagner des batailles acharnées.
J'ai vu l'oisillon voler là où la pesanteur empêchait
l'homme.
J'ai vu la graine mourir et ressusciter, les hommes courir et
se disputer ses fruits.

J'ai vu la stérile avancer en âge et enfanter.
J'ai vu le ver de terre empêcher des champs de sécher.
J'ai vu ta main cacher des destins opprimés.

Oui, j'ai vu ta gloire dans les petites choses.
Oui, j'ai observé ton humilité dans les yeux d'un nouveau-
né.
Je t'ai vu sage et fort dans les cheveux de l'homme âgé et
son dos courbé.

Ô oui ! Je t'ai vu, toi, le plus beau de nous tous, dans
l'étable des brebis.

Je t'ai vu marcher comme un homme et t'élever comme
Dieu.
Tu reviens ! Tu reviens ! Tu reviens ! Grande est notre joie !

Nous sommes pressés de te voir ! ALLÉLUIA !

Psaume 9 - La petite graine

Nous mangions à table divers mets,
L'abondance a rempli de fruits nos plats.
Malheureusement, nous avons jeté l'essentiel, la graine qui
deviendra un jour un arbre, une fois plantée, et en qui tu as
caché la gloire de ta richesse.

Ô que nous sommes négligents, paresseux de voir que celui
qui nous nourrit avait aussi pourvu la semence pour les
jours de pluie.
Nous avons considéré notre ventre et privé la terre de sa
récolte.
Pauvres, faibles, démunis, réveillez-vous, la table du riche
est remplie d'insensés.

Le dos courbé, les genoux noircis par le dur labeur,
Dieu nous a promis qu'une pluie de grâce nous libérera de
la servitude.
Courez, pauvres hommes, réjouissez-vous de ce que les
saisons exaucent vos prières.
Levez les mains pour adorer, tenez d'une main la houe et de
l'autre le chandelier.

Dieu s'est reposé de son œuvre, notre grand frère est
ressuscité. Entrez dans la verdure éternelle du royaume.
Vie à jamais, toi l'invité préféré et privilégié du Roi des rois.

Amen.

Psaumes 10 - d'un cœur pur et avide de ta grâce

Les mains languissantes ont du mal à toucher le ciel.
Le parfum est répandu sur l'autel, mais l'odeur peine à
toucher le cœur.

Qui parle, qui croit, qui pleure ? Personne n'est compris.
« Prie, prie », me répète celui qui me conduit.
La révélation est pour ceux qui poursuivent la lumière de
l'Éternel.

Je me languis de sa présence, je me perds dans ses
quartiers.
Loin du parvis, le chandelier est d'or, l'arche est d'une
pureté indescriptible.
J'aime ta présence, j'aime l'écho de ta voix.
La paix est le point commun, la joie est réservée pour ceux
qui persévèrent jusqu'à la fin.

Ma robe est blanche et de fin lin, cadeau de mon Seigneur,
Lavée de tout témoignage qui m'accusait.
Le sacrificateur qui accusait mes frères est déchu.
Le Souverain est assis à la droite, parlant grâce en ma
faveur.
Loué soit celui qui est, qui vient et règne à jamais.
Loué soit l'Agneau, qui apparaît faible mais fort comme un
lion.
Loué soit celui qui a marché et est mort comme un homme,
mais est ressuscité comme un Dieu, élevé en royauté.
Je veux voir ta robe qui se répand dans ton sanctuaire,
toucher un pan, et je serai béni pour toujours.
Alléluia, je chante, Hosanna, je chanterai encore. Gloire à
toi, et à toi seul !

« Cela m'a valu le surnom de Maradona »

Wow ! N'est-ce pas merveilleux de contempler Dieu à travers Sa création ? Prenons une petite pause, et laissez-moi vous raconter mon deuxième témoignage. J'avais trois ans lorsque cela s'est produit. Une fois de plus, j'ai échappé de justesse à la mort.

Voici mon deuxième témoignage : « *Cela m'a valu le surnom de Maradona* ».

Vous vous souvenez sûrement de ce but légendaire de Diego Maradona lors de la Coupe du Monde de 1986 au Mexique. Oui, je parle bien de **"la Mano de Dios"**, ce but controversé marqué de la main contre l'Angleterre, qui a fait entrer l'Argentin dans l'histoire. Avec un petit coup de main subtil, il a trompé tout le monde, y compris les arbitres, et emmené son équipe vers la victoire en demi-finale. Ce qui serait impensable avec la VAR de nos jours, bien sûr ! Ironique, n'est-ce pas, d'associer une tricherie à Dieu ? Mais cela n'a en rien terni le génie du joueur d'un mètre soixante-cinq car quelques minutes plus tard, Maradona marquait l'un des plus beaux buts de l'histoire du football, dribblant presque toute l'équipe adverse ; l'Argentine finira même par décrocher le titre de championne du monde. Ce petit homme était vraiment un maître du ballon !

Alors pourquoi ce surnom de "Maradona" ? Pas pour son talent (je ne suis pas aussi prétentieux !) mais pour ma petite taille, ma rapidité, et surtout, mon amour du football dès l'âge de trois ans. Il faut dire que j'étais un enfant hyperactif et plutôt précoce. Vous ne me croirez peut-être pas, mais j'ai marché correctement à sept mois, sans jamais ramper, et j'ai parlé clairement à dix mois. Le premier nom que j'ai prononcé sans hésitation fut "Jean Matthieu", celui d'un ami de ma mère ; Il n'en revenait pas.

Pour revenir au témoignage, un jour, je jouais au foot avec des amis chez des voisins dont la maison donnait sur une grande route nationale très fréquentée. L'un des enfants a malencontreusement dégagé le ballon qui s'est retrouvé sur la route et sans réfléchir une seconde, je me suis précipité pour le récupérer, ignorant totalement le danger ; c'est alors qu'un pick-up m'a percuté de plein fouet. Le choc fut terrible pour ceux qui ont assisté à la scène en voyant ce petit garçon de trois ans être projeté en l'air, rebondissant à plusieurs reprises sur le goudron.

Pendant un court instant, beaucoup m'ont cru mort car j'étais étendu sur la route, inerte, le corps couvert d'hématomes et de blessures. Mais la main de Dieu était encore là une fois, me sauvant in extremis de la mort. Après cet accident, ma mère m'a emmené chez mes grands-parents paternels, Auguste et Victorine, pour ma convalescence. Ils m'ont entouré d'amour et de soins.
C'est dans ce quartier, en jouant au foot avec les enfants du coin, que je fus surnommé "Maradona". Un destin marqué par "*la Mano de Dios*", littéralement.

À cette époque, j'étais le fils unique de ma mère. Avec tout l'amour qu'elle avait pour moi, elle ne pouvait rien face à cet incident malheureux. Il n'y avait que la main de Dieu pour me protéger ce jour-là. Souvent, nous ne réalisons pas toutes les fois où Dieu nous sauve du danger, même sans que nous en soyons conscients. Il lutte pour nous, veille sur nous, gagne des batailles invisibles pendant que nous dormons. Alors, comment ne pas être reconnaissant, simplement pour la vie elle-même ? Ce n'est pas un dû, mais une grâce infinie.

Peu importe les pièges du diable, Jésus l'a déjà vaincu à la croix. La mort n'a plus de pouvoir, car Christ est notre bannière, notre espoir et en Lui nous avons la garantie de notre vie éternelle. Célébrons ensemble Celui qui est ressuscité et qui nous offre la vie en abondance !

Livre IIème

« Triomphe de la Grâce : des
Abîmes à la Gloire »

★ ★

Psaume 11 - La Grâce triomphe du Calomniateur

Le calomniateur était sacrificateur autrefois.
Il a souillé le Saint tabernacle par ses ruses et ses
commerces.
Sa démesure a dévoilé son iniquité.
Un autre souverain sacrificateur est né.
Christ est l'élu de la grâce,
Plaidant ce qu'il a vu de son vivant sur terre,
Prouvant à Dieu que l'homme a été trompé.

La vérité tordue a été rétablie, Dieu est Père pour ses fils.
Sauvé de justesse, par sa miséricorde et sa droiture,
Il a jugé le diable et l'a défait comme adorateur.
C'est une armée de rachetés qui lève la voix à l'unisson,
Le Corps de son Christ enfin retrouvé, l'épouse unie à son
époux.
Crions Hosanna et que la terre nous entende.
Esprit malin, tu es dévoilé,
Ton mensonge est condamné à la géhenne.

ALLÉLUIA ! Les cieux sont purifiés des accusations.
L'AGNEAU immolé plaide grâce, grâce en faveur des
opprimés.
Que dire si ce n'est se taire et contempler la beauté de la
liberté ?
Oui ! Nous le sommes dorénavant, le diable n'a plus de
pouvoir sur nous,
Et son péché lui retombe sur sa tête, et sur nos têtes la
couronne de gloire.

De l'olivier coule une huile fraîche, onction de joie.
La terre est lavée et son armée se réconcilie avec les cieux.
Nous dominons à nouveau, nous marchons sans laisse à
nouveau.
Gloire à l'Agneau, roi et souverain sacrificateur de la
grâce.

Psaume 12 - Héritiers de la Grâce et non de l'or

*L'âme avide pense trouver guérison auprès de l'argent et
sécurité par la multiplication de ses biens.
Mon âme trouve sa guérison dans ta parole et sa sécurité
dans la puissance de ton Nom.*

*Venez et travaillons pour nourrir nos enfants.
Moi, je crie : rassemblons-nous autour du bras de mon
Dieu, car c'est lui le soutien de ma postérité, et son alliance
dure des générations en générations.
Mon abri et mon secours, son dos est large pour porter tous
nos fardeaux.*

*L'insensé se plaît de sa richesse, pensant garantir son
avenir, sans savoir qu'il hypothèque sa progéniture au
détriment de ceux qui ne comptent que sur la grâce.
Nos prières ont pris possession de leurs mains et nos
louanges rythment leurs pas.*

*Ceux qui portent l'arche de l'alliance marchent au-devant
du fil,
Ceux qui ont couru pour la bénédiction ont fini par se
compter au bout des doigts.*

*Je me réjouis dans mon alliance avec mon Dieu ; il m'a fait
porter son Nom sans aucun mérite.
Lui qui n'a pas été élu m'a choisi pour des jours glorieux.
Lui qui ne pleure pas a entendu les cris de mon cœur.
Venez et comptons sur sa grâce.
Sa bonté se manifeste dans les circonstances et sa fidélité
défie les temps.*

Venez et comptons sur la grâce.
Lui qui nous compte chaque matin et déverse ses
bénédictions infinies au-delà de toute mesure à chacun.
Béni soit le Dieu riche et puissant.
Mon Père est le Roi des cieux !

Psaume 13 - Je suis l'obsession de la grâce divine

La grâce m'a suivie le long du chemin.
Ivre de mon iniquité et accusé par une conscience souillée,
Je me suis caché derrière les buissons, loin de sa face, de
peur qu'il voie ma nudité.
Elle m'a confectionné une couverture en peau.

Je l'ai fuie dans le désert, me prostituant à moindre coût ;
elle m'a quand même nourri de sa manne et de sa caille.

J'ai récidivé dans le palais, cherchant la femme de l'autre ;
elle a effacé la mémoire de l'avorton et m'a donné un
héritier pour le trône.
Mon nom est inscrit à jamais dans la lignée royale, ma
descendance est garantie de siéger à jamais dans la
royauté.

Ô grâce, où es-tu ? J'ai longtemps perdu tes traces, ta
parole est loin de ma face.
Tu as pitié de moi, tu es encore venue à moi avec ta vérité et
tu as vaincu pour moi à la croix, me libérant de la loi qui
me liait au désarroi.
Grâce, prends-moi avec toi, emmène-moi dans notre
royaume.

Je le vois, oui je le vois, ma foi t'a gardée près de moi
Et m'a fait entrer dans ta joie, dans le paradis du Grand
Roi.
Ô grâce, toi qui as cherché l'autre mais qui t'es souvenue de
moi, ce peuple qui ne te connaissait pas,

Mon orgueil m'a aveuglé, mes habitudes m'ont trompé ; il fallait que tu t'éloignes de moi pour que ma soif grandisse envers toi.

Puisses-tu ne plus me quitter, puisses-tu me combler de tes délices,
Ton réservoir est rempli d'amour, mon cœur en est la preuve, mon visage le miracle de ton éclat.

Gloire, je veux crier, gloire je veux scander.
Près de toi, rien n'est pareil, j'admire sans cesse tes merveilles.

Le sans-abri trouve ombre sous ta faveur,
Le rejeton devient l'arbre où nombreux s'abritent et se restaurent.
Moi, la boue, tu en as fait de l'argile, et celle-ci de la porcelaine que les rois exposent pour leurs banquets somptueux.

Ô Grâce, conduis-moi devant ton trône.
Les mots me manquent, je veux juste demeurer là et reconnaître que sans toi je ne suis rien.

Psaume 14 - La grâce éclaire le chemin vers l'Époux

L'ombre se dessine derrière moi, ta lumière m'attire.
Mon visage est transformé, il resplendit à l'éclat de tes
rayons.
Soleil du matin, lumière des générations, toi l'expression de
l'amour véritable,

Je crie à toi, je veux te ressembler,
Marcher à tes pas, manger à ta table,
Les grappes de vignes que tu as cueillies dans ton jardin du
paradis, le grenadier qui guérit mon âme.
Fais-moi boire de ton eau de cristal, j'irai voir la terre et
leur annoncer la bonne nouvelle :

Venez voir, j'ai trouvé le chemin qui conduit à la vie, le nom
qui libère et délivre pour l'éternité.
Il est l'époux de son épouse, la tête de son corps, le pasteur
de ses brebis, le consolateur de son Église.
Mon Dieu, mon roi, mon grand frère, l'héritier qui nous a
fait part de son héritage,
Le bien-aimé de son Père, celui que nous contemplons,
Et la grâce nous introduit dans sa joie, son paradis céleste.
Christ s'est révélé à nous, l'oint parmi plusieurs, le Saint des
saints, le modèle parfait de la volonté souveraine du Père.

Gloire à son saint nom.
Gloire à Jésus, le Christ !

Alléluia !

Psaume 15 - La Grâce surabondante

J'ai vu la grâce s'épanouir auprès des reclus de la société,
de ceux qui étaient piétinés par les orgueilleux, des hommes
de mauvaise vie rejetés par la religion.

La grâce a trouvé sa demeure parmi ceux dont on pensait
que rien de bon ne pouvait sortir.
Oh, j'ai vu la grâce changer le temps et les circonstances !
La grâce aime sans raison valable, sans logique, sans
expérience.

Elle rend jaloux les opiniâtres, les rageux et les envieux.
Elle détonne les érudits et façonne les incompris.
La grâce veille sur l'ordinaire, soutient le naturel.
Elle accompagne jusqu'au trône de l'Éternel,
Elle se fait Père de l'orphelin et soutien de la veuve.

Nous nous sommes étonnés de la voir secourir un continent
d'un virus mortel,
alors que toutes les statistiques pronostiquaient la mort de
ses enfants.

La grâce surveille de nuit et marche de jour avec ceux sur
qui elle a été établie, car ils sont le choix de Dieu.

Psaume 16 - Le secret divin caché dans le mépris

Oui, ils m'ont méprisé, regardé comme un détritus,
Déchet de leur parure, de leur belle apparence.
Sans savoir que l'aveugle n'a que ses mains pour se repérer,
Toi, tu as permis cela car ta gloire, tu l'as réservée pour ton
Fils.

C'est dans le déchet que tu révèles l'extraordinaire,
Dans le lot que tu identifies la différence.

Ta grâce, tu l'as cachée loin des yeux avides et
opportunistes, loin de la méchanceté et de la convoitise ;
mais tu l'as gardée pour la révéler aux opprimés, à ceux qui
ont versé des larmes dans le secret.

Tu m'as caché aux yeux du monde alors que je porte leur
joie ; leur paix est en moi.
Ô mon Dieu, cache-moi encore de leur méchanceté et
révèle-moi à tes fils, ceux qui ont le cœur pur et ont soif de
ta vérité.

Grâce, grâce, grâce en moi ! Crie, crie, crie pour les
ignorants.
Du bas-fond, tu élèves le moins que rien,
Des étables, tu le mets dans la cave des rois.
Des champs de vignes, tu en fais un sujet d'enchères à la
table des rois.

Oui Tu caches ta gloire et tu le fais si bien,
Amen !

Psaume 17 - Au temps favorable, Tu me révéleras

Je lis la méchanceté dans les cœurs des hommes.
Ô Saint-Esprit, ne quitte pas ce monde de peur de révéler
les visages hypocrites.

Ils ont calomnié mon nom, me laissant à l'abandon.
Je crie, tout le monde fait semblant de ne rien entendre, me
regardant de loin et attendant que je sois mis en échec.
Mon secours est en toi, mon âme n'espère qu'en toi.

Dans un pays étranger, certains m'ont méprisé,
Me jugeant sur mon apparence plutôt que sur la promesse
que tu as mise sur moi.
Ta sagesse infiniment variée a décidé de me cacher et de me
révéler au temps favorable,
Lorsque leur besoin sera accru, lorsque leur argent
n'achètera que du vent et que leurs biens s'emportera
comme le Sirocco soulève le sable du désert.

Ce jour-là, tu te glorifieras par ton Fils, et ton nom sera
connu de tous.

Tu aimes l'ignorant qui a soif de ta sagesse,
Tu secours l'enfant qui cherche l'abri d'un foyer.
Ô Dieu miséricordieux, ta grâce comble tous mes besoins.

Psaume 18 - La destinée de la Grâce

Ils chuchotent quand ils me voient,
Au bout de leurs lèvres, ils énumèrent tous mes défauts.
Mes péchés sont les sujets de leurs paris et de leurs moqueries.
Mon malheur fait consensus dans leur méchanceté,
Ils prient pour me voir souffrir davantage,
Ils croisent les doigts et souhaitent que la maladie m'emporte,
Que le ventre de la terre efface mon nom parmi les vivants.

Ô toi, mon Dieu, le Miséricordieux, qui m'as reçu dans le secret,
Tu as effacé mon iniquité et m'as ouvert les bras de ton intimité.
La grâce est devenue mon alliée, tout ce que je touche prospère.
N'efface pas mon passé, garde-le dans le cœur de ceux qui m'ont humilié autrefois,
Ainsi je demeurerai toujours dans l'humilité, même dans la gloire.

Mon avenir est entre tes mains, mes ennemis tremblent ; ils m'oppressent car ils savent que je suis un peuple béni et que sur moi ton huile sainte a coulé pour que les nations te connaissent.
Tu as choisi ton oint et tu ne t'en détourneras plus jamais, car ta main est généreuse pour soutenir sa postérité bien longtemps après sa mort.

Mon repos est dans ton sanctuaire, ma grâce au pied de ton trône éternel.

Mon Dieu, mon Roi, ne me laisse pas.
C'est à toi que je montre mes larmes ;
Souffle dessus et que cela devienne la mer qui engloutira
tous mes ennemis.
Soutiens ma marche car ma destinée est longue.

Gloire à toi, gloire à Jésus !

Psaume 19 - Si loin de Mon royaume

Ils m'ont identifié à un voleur,
Pointé du doigt comme un étranger.
Mon Royaume est si loin et en même temps si près, dans
mon cœur.

Chaque jour, je m'agenouille pour te demander : pourquoi
je vis tout cela ?
Pourquoi les épreuves semblent-elles trouver un terrain de
jeu ?
Mon corps en est témoin, mon âme en souffre chaque nuit,
Et le matin, me voilà à nouveau à l'affront de la vie.

Toi, mon Père, le Dieu dans l'abondance, mon sang royal
est devenu un poids pour ma vie.
Reviens et régnons ensemble,
Le monde est perdu sans toi.

Reviens et fais-moi asseoir dans la gloire que tu m'as
promise.
Je veux rentrer chez nous, là où il n'y a ni tristesse, ni
complainte,
Là où ma joie est éternelle.

Je vais rentrer chez moi, dans tes bras d'amour.

Psaume 20 - La Grâce, Compagne de mes Jours

La grâce surpasse de loin le toit de mes pensées et la sagesse de ce siècle.

Je m'étonne à chaque fois qu'elle prend la forme de l'homme pour me faire du bien.
Ils toquent à ma porte par milliers pour me faire faveur, plusieurs ne me sont même pas familiers.
Elle me suit même parmi les étrangers, leur terre devient la mienne car la grâce l'a rendue fertile pour moi.

La grâce a pris la forme de la main pour assouvir ma soif.
Elle m'a vêtu d'habits chauds pendant l'hiver.

Elle a arrosé de pluie mon champ et commandé au soleil d'embellir les fleurs de mon jardin.

Ô la grâce, tu m'as surpris, tu as fait de ton obsession ma joie.
La grâce appelle mes actions des grâces, et mes actions de grâce rappellent la grâce.

Tu n'es pas un homme pour manquer au temps favorable,
Ni le fruit de mon imagination pour ne pas combler tous mes besoins.

Ma prière change de langage et reconnaît que seul mon Dieu est ton créateur.

La grâce m'accompagne au succès, à l'héritage de ma réussite.

*Loin de toi, je ne pourrais plus ; une fois que je t'ai connue,
je ne te lâche plus.*

*Gloire et louange au Père qui t'a créée de sa volonté
souveraine.*
Gloire au ressuscité qui t'a révélée aux hommes.

*Gloire au Saint-Esprit qui t'attire vers moi tous les matins
et sur ma couche la nuit.*

*Gloire à la grâce, toi la source de ma joie dans le Dieu de
mon salut.*

Amen !

« C'était une question de cœur »

Est-ce possible d'arrêter de louer Dieu quand Il accomplit l'inexplicable ? C'est justement l'occasion parfaite pour vous partager mon troisième témoignage, un véritable miracle, et un épisode marquant de ma vie, qui a contribué à façonner la personne que je suis aujourd'hui.

Voici mon troisième témoignage : « *C'était une question de cœur* »

Non, il ne s'agit pas d'une déception amoureuse, j'avais à peine 6 ans ! Bien que… je dois avouer que j'avais secrètement un petit coup de cœur pour une camarade de classe. Ne me jugez pas ! Je doute que ma femme soit fan de cette confession, mais la sincérité avant tout !

Mais revenons à l'essentiel : J'ai été diagnostiqué d'une malformation cardiaque à l'âge de 6 ans, une anomalie qui, sans intervention divine, aurait très bien pu m'emporter.

Savez-vous que le cœur d'une souris bat à environ 500 battements par minute (BPM) ? Alors que chez un humain en bonne santé, qu'il soit adulte ou enfant, le rythme cardiaque varie entre 50 et 80 BPM, au-delà de ce seuil, on parle de tachycardie, où les battements peuvent atteindre entre 100 et 400 BPM. Dans mon cas, cette accélération provenait d'une malformation congénitale du cœur.

Je me souviens encore comme si c'était hier, nous sortions de l'hôpital, ma mère me tenait par la main, et dans l'autre, elle serrait les résultats de mon IRM cardiaque, elle essayait de dissimuler ses larmes mais à 6 ans je ressentais tout. Alors, je lui ai demandé innocemment : "*Maman, est-ce que ça va ?*", elle m'a regardé fixement et d'une voix ferme mais emplie d'une foi inébranlable, elle m'a répondu : "*Tout va bien mon grand*". Elle garda ce secret bien enfoui, mais en fit le sujet d'une prière incessante, adressée à la seule source de solution qu'elle connaissait pour les cas impossibles : son Dieu.

Comme Anne, ma mère persévéra sans relâche, avec une détermination féroce, convaincue que seul Dieu pouvait intervenir.

Cette malformation m'empêchait de bien respirer, elle faisait de moi un enfant bègue car je m'essoufflais si vite que je perdais la parole ; pour retrouver mon souffle et pouvoir parler, je devais parfois frapper le sol de mon pied, un tic devenu instinctif. Cela a nourri en moi un profond complexe d'infériorité et une peur grandissante de prendre la parole en public, de crainte d'être tourné en ridicule.
Mes crises étaient si violentes et la douleur insoutenable. Je me revois encore, dans les bras de ma mère, assis par terre au salon, moi plié en deux me tordant de douleur, et elle, impuissante, les larmes aux yeux, priant à voix basse.

À cet âge, si on m'avait demandé ce que je voulais, j'aurais sans hésitation répondu : un nouveau cœur. C'était une souffrance insupportable.

Aujourd'hui encore, je n'ai aucune explication rationnelle pour vous dire comment cette malformation a totalement disparu. Si vous doutez des miracles, sachez que je suis la preuve vivante que Dieu agit encore. Il m'a donné un cœur nouveau sans aucune intervention chirurgicale. Le garçon autrefois bègue et moqué par ses amis est désormais un homme qui prêche avec assurance la bonne nouvelle du salut en Jésus-Christ.

Il se peut qu'en ce moment, vous soyez face à une situation qui paraît insurmontable, où chaque issue semble verrouillée. Mais laissez-moi vous rappeler une chose : rien n'est impossible à Dieu ! Sa grâce n'a pas de limite sur la manière d'agir. Elle intervient au moment le plus inattendu, souvent là où l'espoir semble s'éteindre, pour apporter réconfort et transformation.

Alors, n'attendons plus ! Élevons ensemble des cantiques nouveaux, des louanges et des actions de grâce pour ce Dieu Tout-Puissant qui est prêt à réitérer l'impossible dans nos vies.

Livre IIIème
« L'histoire continue, la Grâce
n'en finit pas d'étonner »

Psaume 21 - Qui a connu la grâce ?

Exaltons-le en tout temps, louange à notre Dieu,
Lui qui n'a fait que nous aimer même avant que nous
naissions.
Il a balisé de son propre sang le chemin de nos victoires.
Bel et glorieux, je vois l'avenir des saints,
Joie est l'alliance qu'il a faite avec ses enfants, meilleure
que l'alliance du repos.

Le Père de toutes grâces a ranimé mon souffle pour que je
sois son adorateur.
Ma voix monte tel un jeune lion, je bondis d'allégresse tel
un agneau.

Louange à mon Père, gloire au nom qui résume tous les
autres donnés par les hommes.

Leurs épreuves ont révélé une part de ta grandeur et de ta
puissance,
Mais à nous, tu t'es révélé dans ta plénitude à cause de ta
grâce.

Gloire à JÉSUS, lui le sauveur et le salut,
Le sujet et l'objet de notre rédemption,
Lui, le souverain sacrificateur de la grâce et la proie pour
notre rachat.
Nous chantons ses louanges car il siège dans nos cœurs
pour l'éternité.

Psaume 22 - La grâce appelle les âmes

Signale et crie pour ceux qui sont restés dans les ténèbres.
Crie pour qu'ils entendent ce que le dernier oracle
annonce :

Leur boisson les a rendus dupes, les chansons qu'ils
écoutent les ont rendus sourds.
La prostituée les retarde et alourdit leur marche.
Qu'ils reviennent vite, car l'époux les appelle.
Ému de compassion pour eux, il crie dans la lumière, mais
ils ne veulent rien voir.

Ils disent qu'il est trop loin, que sa gloire n'est pas à leur
portée.
Pourtant, il est là, vêtu comme eux, marchant comme eux,
partageant leur pain périssable.

Où es-tu, fils de l'homme ? L'époux n'est pas venu seul, il a
la grâce et la vérité.
Le berger sans son bâton et sa houlette l'est-il réellement ?
Ou est-ce un mercenaire qui fuira quand le loup surgira ?

Le Seigneur crie, il retarde l'ange qui se presse de sonner
de la dernière trompette.

Venez, venez à moi, ô frères que j'ai engendrés, dit-il, le
Père est prêt à lancer l'assaut de ses cavaliers de malheurs.
L'heure n'est plus à arranger sa monture, ni à vérifier si la
gibecière est remplie pour un long voyage.

Là où nous allons, la faim n'existe pas, les pleurs sont un lointain souvenir,
La mort, un passé dont on rira autour du festin éternel.

La félicité ouvre ses portes à ses saints, ceux qui, dans la douleur, ont gardé l'espérance de leur salut.

Je crie, mes bien-aimés, écoutez ma voix. J'étais comme vous dans le péché, dans les nuits de luxure je me plaisais. Revenez à votre Père, là où tout a commencé pour vous.

Venez, car l'heure est comptée, les portes vont se fermer.

Les premiers se sont laissés dépasser, les derniers ont appris des erreurs de ceux qui les ont précédés.

Jusqu'à quand continueras-tu à t'enivrer ? Jusqu'à quand continueras-tu à te tromper sous la jupe de la prostituée ?

Ne vois-tu pas la mort sous ses jambes, ne sens-tu pas la pauvreté sur sa poitrine ?

Reviens à ton créateur, les secondes te sont comptées, l'ange de la mort approche, avide d'âmes à dévorer.

Reviens à ton créateur et réjouissons-nous ensemble, car il nous a conviés à son banquet éternel.

Psaume 23 - Ô Gloire, toi le fruit de la grâce

Obligé de m'agenouiller car le poids de ta gloire, qui peut le supporter ?

Elle est venue comme un inconnu alors que je l'apercevais fébrile.
Elle s'est élevée lorsque je lui ai tendu le bâton de mon humiliation,
Le seul qui me restait après que les hommes m'aient tout dérobé.

Me voyait-elle quand je n'avais rien ? Quand il ne me restait qu'un peu de farine et d'huile avant que mon âme ne reparte vers mon créateur ?

Me suivait-elle lorsque tous m'ont abandonné, trempé dans mes larmes et perdu dans le labyrinthe sinueux de mon cœur, brisé par leur trahison ?

Elle est venue timidement et m'a enseigné le pardon, elle m'a appris les bonnes manières et à forger mon caractère : la miséricorde est devenue le sujet de ma bouche.

Elle m'a appris à écrire, à parler en public et à me tenir devant les rois.
Elle m'a présenté à ceux qui dirigent et a exercé ma main dans l'excellence du service indispensable.
Elle a convoqué la grâce pour que la réussite soit une garantie dans ma marche.
Elle m'a conduit vers le Père, moi qui manquais de repères.

Elle m'a donné une identité nouvelle, je suis dorénavant Fils et Lumière.

Plusieurs marchent à ma suite et se plaisent à être sous ma coupe.

Ô gloire, tu aimes l'humilité car c'est ta grande sœur, tu te plais auprès de la Sagesse car elle t'a toujours conseillé avec bienveillance.

Désormais je porte ton nom et je fais partie de ta famille.

Tu es la nature de mon Père et de mon frère aîné.

Aujourd'hui, tu es moi et je suis toi.

Gloire, Gloire, Gloire !

Amen !

Psaume 24 - À toi le rejeton, le favori de la grâce

Moi, le rejeton, méprisé et rejeté,
Ils oublient que l'arbre dont je tire ma source autrefois
bâtissait les charpentes de leur maison.
C'est sur ses branches qu'ils cueillaient les fruits qui
nourrissaient leurs enfants,
Sous l'ombre de son feuillage, ils se cachaient des
intempéries.
Sur ses racines, ils se reposaient et parlaient de leur avenir.

Comment l'homme n'a-t-il de mémoire que pour ce qui
l'intéresse ?
Comment passe-t-il son temps à penser à ce qu'il aura de
mieux demain ?

Mon service pour eux a-t-il été oublié sciemment ?
Ils disent que je n'ai rien fait pour eux, alors que, de nuit,
mes genoux continuent de noircir en prière pour leurs
problèmes.

Pourquoi le cœur de l'homme s'attache-t-il au présent ?
Pourquoi son avenir ne tient-il qu'à ce qu'il peut toucher
maintenant ?

Je pleure pour eux, car rejeton que je suis aujourd'hui, je
redeviendrai l'arbre majestueux que j'étais autrefois.

Ils m'ont tout pris sauf l'assurance dans la force de mes
racines.
Ils m'ont dépouillé de tout sauf de mon intimité dans la
présence du Dieu de ma vie.

Gloire soit rendue à Dieu, car il dévoile les cœurs des hommes dans les épreuves.

Dieu les éprouve par le manque et se moque de leur infidélité.

Comment l'homme fait-il pour oublier les bienfaits de Dieu de ce matin ?
Comment fait-il pour penser à tout sauf à celui qui le voit d'en haut ?

Dieu se moque de leur bruit et se réjouit du silence du rejeton.

Dans sa douleur, il grandit, et le temps plaide en sa faveur l'abondance de la pluie.
Puisses-tu, ô rejeton, dépasser les murailles ;
Le sort que les hommes t'ont jeté, leurs paroles, comme du venin, n'empoisonneront pas tes racines.

Tu vivras, tu t'élèveras, tu t'affermiras, et tu seras de nouveau la gloire du Jardin de Dieu.

Amen.

Psaume 25 - Le plus faible de nous tous

Tôt le matin, les chants du coq louaient l'Éternel.
Nous étions nombreux à te chercher dès l'aurore, Ô
Éternel.
Certains sur les pavés de la dure besogne sous un soleil de
plomb,
d'autres dans les parvis des synagogues.
Certains dans les champs, d'autres dans les villes. Il y avait
aussi des voyageurs venant des contrées lointaines,
nombreux risquant leur vie dans les mers pour un avenir
meilleur.
Les montagnes et les forêts étaient pour plusieurs leur
terrain de chasse.
Mais l'Éternel connaissait les cœurs de chacun de nous et la
motivation de nos prières.

D'une voix forte, le Dieu puissant demanda à son peuple :
"Qui enverrai-je ?"
Nous restions stoïques, car nous étions venus pour nos
doléances, sans penser que Dieu aurait besoin de l'homme
pour sauver l'humanité.

Alors que nous baissions nos têtes, remplis de honte et nos
cœurs égoïstes,
L'un d'entre nous sortit du lot et répondit : "Père, envoie-
moi".
Il n'était ni le plus fort ni le plus beau, mais il avait ton
cœur et tes yeux, Ô Éternel,
ton cœur rempli d'amour et tes yeux pleins de compassion.

Toi qui es omniscient, tu savais que ta parole puissante cherchait des volontaires pour accomplir ta volonté, Ô Éternel.

À celui-ci, tu as couronné son courage d'une couronne éternelle, et son volontariat d'une renommée au-dessus de tout ce qui peut exister.

Tu ne l'as pas laissé aller seul, tu l'as oint de ton huile, fait de lui roi et seigneur de tous ceux qui venaient à toi par intérêt personnel.

Tu l'as couvert de ta grâce et ceint de ta vérité, posant ton sceau sur son doigt afin qu'il soit démarqué parmi des milliers et que ses œuvres parlent plus fort que tous nos efforts.

Lui qui t'avait mis en priorité, tu l'as fait prémice de ta gloire éternelle.

Ô louange et gloire à ce nom merveilleux qui résume tous les noms que les hommes ont pu donner à Dieu.

Les hommes t'appelaient en fonction de leurs problèmes, mais toi, tu te nommes par rapport à toi-même, car tu es et tu demeures le même.

Mais ce nom, c'est toi qui le lui as donné, et personne ne peut le lui enlever ni y ajouter un superflu, car en ce nom tout est accompli.

Gloire au Dieu qui sauve, lui qui est assis à la droite de notre Père et qui parle en notre faveur.

Gloire au Souverain sacrificateur de la grâce,
Gloire à Jésus, le Christ qui règne à jamais.

Psaume 26 - Un vent nouveau me donne de l'espérance

J'étais cloué dans les ténèbres,
Une petite lueur d'espoir surgit,
Une lumière à peine visible luisait à travers
l'entrebâillement de la porte.
Cela a fait renaître l'espérance dans mon âme.

Fais de moi ce vent qui trouve place dans les grands et les
petits espaces,
Celui qui cherche le bas des portes pour se faufiler et
rejoindre la liberté dans les airs.
Celui qui conduit les ailes de l'hirondelle et porte l'élan de
l'aigle royal.

Fais de moi ce vent qui siffle sur les champs de blé,
Cet impétueux qui soulève les vagues et écume les fonds des
mers.
Je voudrais m'envoler et laisser derrière moi tous mes
fardeaux.
Je voudrais trouver faveur dans tes mérites et miséricorde
dans ta grâce.
Relève-moi, mon Dieu, par ta main puissante, et fais de mes
jours sur terre un témoignage.

Ta grâce répond à un besoin, elle n'a que faire de mon
empressement car elle attend le temps favorable, fixé dans
tes desseins.
Ce temps marqué dans ton livre de vie et qui guide mes pas
sur la terre des hommes. Tu connais la fin de l'histoire, ma
victoire et ma vie éternelle.
ALLÉLUIA, je bénis le Dieu de mon salut.

Psaume 27 - La vie est dans la grâce

Les sirènes des ambulances résonnaient,
Le moribond à peine respirait, luttant pour garder son
dernier souffle.

La mort venait recruter une âme de plus,
Le désespoir se lisait sur le visage des médecins incapables
de le secourir.
Là où la science humaine se limite, ta grâce réveille le
souvenir de la vie.

C'était dans le chaos que la lumière de l'humanité a vu le
jour.
C'était parmi les hécatombes que les os ont vu la chair se
régénérer.

Qu'est-ce qui est impossible à ta main puissante ?
Tes yeux de miséricorde parcourent la terre et ressuscitent
l'espoir dans les cœurs meurtris.

La mort a perdu sa popularité et son emprise sur la vie de
tes enfants.
La bouche, par ton nom, est source de guérison, la main
confirme tes meurtrissures et ton salut.

Tu es la vie, tu es ma vie, la source de notre rédemption.
La résurrection est le sort de ceux qui mettent leur foi en
toi.
Nous l'avons entendu des scribes, mais nos yeux l'ont
témoigné, car tu n'es plus dans le tombeau.

*Le séjour des morts n'est plus notre partage, car la vie
éternelle est notre gain désormais.*

*Les fonds des mers, les cœurs de flammes, le ventre des
terres arides sont dépeuplés, car Christ notre Seigneur est
vivant.*

*La grâce nous appelle, elle a dans ses mains la vie pour
quiconque croit au mérite du Fils de Dieu.*

Psaume 28 - À qui as-tu fait grâce ?

*J'ai parcouru ta parole, voulant trouver là où le mérite de
l'homme le qualifie devant tes yeux.
J'ai inexorablement buté sur ses faiblesses et sa défaillance,
car il ne pouvait égaler ta Toute-Puissance, Ô Dieu.*

*Personne sur terre ne peut subsister par lui-même.
Le souffle qui sort des narines, on peut l'arrêter, mais
pourrions-nous arrêter les poumons qui le produisent ?
Pourrions-nous décider délibérément de ne plus faire battre
notre cœur ?*

*C'est toi qui as les clés de la vie. Ainsi, chaque matin est
une grâce que tu accordes aux hommes.
Sachant l'heure à laquelle nous allons dormir, mais en ce
qui concerne notre réveil, notre sort est entre tes mains.*

*J'ai fouillé longtemps dans tes lois pour voir où l'homme
s'est fait tout seul. J'ai conclu que le mystère qui lui
manque est la grandeur de ton amour et de ta patience
démesurée dans ta miséricorde.*

*J'ai vu l'un détester l'autre à cause de leurs différences, j'ai
vu l'un porter la main sur l'autre à cause de leurs opinions.
L'avidité a fait vendre les parents au profit de quelques
instants de gloire.*

*L'homme mérite-t-il de vivre ? Ton amour le préserve
jusqu'ici sur terre.
Ta grâce le préserve de sa propre méchanceté ;
car partout où il a fourni des efforts pour se faire valoir, il a
tout détruit et vendu, même l'avenir de sa postérité.*

*Je continue de chercher l'amour dans le cœur des hommes,
mais j'aperçois que c'est toi qui aimes au travers des
hommes.*

*Les forêts pleurent, les mers s'empoisonnent, les animaux se
suicident, car l'homme a voulu, par ses efforts, gagner plus
d'argent.*

*La pauvreté est devenue le commerce des riches, le profit
est ce qui définit la valeur de l'individu.
Hors de toi, tu ne fais acception de personne et ta valeur, tu
l'accordes à celui qui sait s'humilier sous la main de ta
grâce.*

*Je continue de prier pour l'homme, car moi aussi je suis
tenté de devenir orgueilleux et égoïste, Père.
C'est la monnaie qui définit le respect, c'est le crédit qui
affermit les relations intéressées.*

*Toi qui ne nous as jamais fait payer pour ton Fils à la croix,
l'abondance de ta richesse est pour ceux qui sont pauvres
en esprit,
ceux-là qui soupirent après ta compassion, ceux-là qui
savent que sans la grâce, rien n'est possible sur la terre des
hommes.*

Psaume 29 - L'orgueil de ce monde

Ceux qui t'avaient côtoyé de près ont fini par s'habituer à ta présence, et l'orgueil s'est emparé de leur cœur.

Nous qui, autrefois, étions morts dans nos péchés et ne te connaissions pas ;
nous qui adorions d'autres dieux et leur dévouions nos vies et celles de nos enfants, tu as eu compassion de notre ignorance.
Nous étions des adorateurs, nous te cherchions, mais nous ne savions pas comment t'approcher.
Tes yeux nous ont vus dans les ténèbres et ta compassion nous a repêchés.

Oui, eux ont eu leur loi et s'en sont vantés, nous nous sommes humiliés, car nous sommes des rachetés de la grâce.
Dans ton amour, tu veux que nous soyons unis à eux et que ton royaume règne sur plusieurs nations.

Nous parcourons les rues et crions que tu es venu à nous et que ton Christ est ressuscité.

Nous, autrefois prostitués dans l'idolâtrie et assoiffés d'une gloire éphémère, tu nous as enrôlés dans ta grande famille, nous faisant aussi part de l'héritage de ta royauté.

Tu as changé notre adoration, tu en es devenu le sujet principal.
La gloire éphémère est devenue éternelle, car toi, tu n'as ni fin ni commencement.

Nous proclamons ton nom partout sur la terre et, à ceux qui croient, nous les réconcilions avec toi,
car la grâce est faite pour ceux dont la condamnation était sans équivoque,
c'est pour nous qui n'avions plus d'espoir au salut.

Ta grâce est parvenue à sa perfection pour nous et nous a redonné l'espérance en Jésus, le Christ.

Psaume 30 - L'hymne à la Gloire, chante la grâce

Je crie en ce jour : Gloire, pas sans raison,
car je siège à ta droite et tu m'as donné la domination sur
tous les esprits.

Je gouverne par tes conseils et ta sagesse attire sur moi
l'admiration de tous les peuples de la terre.
Je bâtis une cité à ta gloire et elle s'appelle La Parole.
Les vies recevant leur part bâtissent des édifices pour la
contemplation de ta grandeur.

Des rois, des médecins, des gouverneurs, des scientifiques
sont une armée de qualités pour ton Royaume,
tous sauvés par grâce et dont les lèvres ne cessent de
proclamer tes bontés inépuisables.
Oui, ta fidélité est la sœur de ta bonté, car elle la multiplie
dans le temps.

L'espace n'a plus de bornes, car toutes les nations de la
terre reconnaissent en nous ta droite de bienveillance.

Ta joie rythme nos pas et des chants d'allégresse
accompagnent nos actions de grâce.

Nous parlons une nouvelle langue, celle de notre royaume,
dont l'esprit ne cesse d'inspirer dans ton assemblée.

Les saints se retrouvent et la communion fait éclater la
gloire de ta présence manifeste.
Plus de stériles, plus d'aveugles, plus de boiteux, tous
guéris par la puissance de ta gloire.

Ce qui était caché s'est dévoilé, la gloire de Dieu habite avec son peuple, ses enfants qu'il a engendrés dans sa volonté souveraine.

Toi, le Père de toutes langues, toutes tribus dans le ciel et sur la terre,

toi l'Existant, l'Ancien des jours, qui ne comptes pas le temps, car c'est toi qui l'as créé à l'infini.

Gloire et louange à toi, le Roi des rois, Père de toutes grâces excellentes et parfaites.

« Je suis tombé des nues ! »

N'est-il pas merveilleux de commencer une journée sans savoir ce qu'elle nous réserve, pour la terminer avec des chants d'allégresse et des pas de danse car Dieu a opéré un miracle inattendu ? Quand vous avez déjà traversé des moments difficiles, vous vous dites probablement : "Qu'est-ce qui pourrait encore m'arriver de pire ?" Et pourtant, comme si le sort ne cessait de s'acharner sur vous, une nouvelle épreuve s'abat, plus déconcertante que la précédente.

Je vous ai promis cinq témoignages. Eh bien, le quatrième vous laissera sans voix, comme si le destin en avait après ma vie.

Voici mon quatrième témoignage : « *Je suis tombé des nues.* »

Avez-vous déjà vécu ces moments où vous espérez quelque chose de tout votre cœur, puis, juste au moment où tout semble perdu, un retournement de situation inattendu survient ? Ce genre d'événement vous marque, n'est-ce pas ? Il vous rappelle qu'il y a toujours de l'espoir, même dans les pires moments.

C'est pour ça que j'aime les films : un scénario déjà écrit, mais qui nous transporte, comme si soudainement tout devenait réel. Combien de fois ai-je vu des gens pleurer, crier, ajouter leurs propres commentaires à l'histoire, alors même que nous savons tous que ce n'est qu'une fiction ? Parfois, on connaît même la fin du film mais on continue à y investir nos émotions.

Moi, j'adore les films d'action, surtout ceux de science-fiction, là où il y a des super-héros, je suis aux anges !

Depuis que je suis tout petit, j'ai toujours eu une imagination débordante, rien d'étonnant, me direz-vous, pour un enfant. Je rêvais de devenir archéologue, je me souviens même que je collectionnais des squelettes de lézards comme des trésors. Et puis, il y avait le théâtre, j'aimais jouer la comédie surtout pendant les spectacles de Noël à l'école ; je dois avouer que j'aimais me faire applaudir.

En parlant de spectacle ! Laissez-moi vous raconter une anecdote qui m'amuse encore aujourd'hui. Ma mère était diaconesse dans une église, et un dimanche, en plein culte, alors que le pasteur prêchait, j'ai décidé de faire une entrée "mémorable" digne d'une comédie musicale : j'ai ouvert grand les portes principales de l'église, le bruit a attiré tous les regards, et là, au milieu de l'allée centrale, je me suis lancé dans un pas de danse à la Michael Jackson. Vous imaginez la scène ? Contre toute attente, le pasteur a pris cela avec humour, et toute l'église a éclaté de rire. Je ne vous raconte même pas la honte de ma mère, à la sortie, elle m'a évité ne voulant surtout pas qu'on nous voie ensemble. Aujourd'hui encore, on en rigole tous les deux.

J'étais une boule d'énergie, vous l'aurez compris. Mon jeu favori ? Me proclamer "Pasteur" et prêcher à mes amis du quartier dans la cour de notre maison. Notre église improvisée était faite de vieux pneus et de seaux qui servaient de chaises, une vieille louche en bois me faisait office de micro mais l'essentiel était que l'Évangile était prêché avec passion. Mes camarades lançaient des "Amen" à chaque "Alléluia" que je prononçais ; mais il y avait une seule chose qui pouvait tout interrompre : un ballon de foot, c'était mon "péché mignon". On passait alors sans transitions des "*Alléluia*" aux "*Fais-moi la passe !*" pour marquer des buts.

Et c'est là que tout a failli tourner au drame…

Dans la cour de notre maison se trouvait un vieux hangar délabré, autrefois utilisé en poulailler. C'était un tas de briques entassées, sans charpente, surmonté de tôles rouillées. Ce jour-là pendant notre partie de foot, le ballon s'est retrouvé sur ce toit instable et voulant jouer le héros, je me suis précipité pour le récupérer mais en montant mes pieds se sont enfoncés dans un espace creux et j'ai chuté la tête la première. Tout le hangar s'est effondré sur moi dans un fracas assourdissant. Entre les tôles rouillées et les briques, un gamin de six, coincé sous les décombres... Rien que d'y repenser, j'en frissonne encore. Et pourtant, par un miracle que je ne m'explique toujours pas, je suis sorti de là sain et sauf, avec seulement une petite égratignure au pied.

Une journée qui avait si bien commencé aurait pu tourner au cauchemar. Nul ne sait ce que le lendemain nous réserve, même une seconde plus tard. La mort ne prévient pas, elle n'épargne ni les jeunes ni les vieux. Mais par la grâce de Dieu, nous sommes encore là, vivants, respirants, prêts à affronter un nouveau jour.

Chaque fois que je repense à cette chute mortelle, je me rends compte que tout ce que je vis aujourd'hui, tout ce que j'écris, est une manière de rendre grâce. Mais c'est aussi pour dire à quelqu'un qui pense que sa situation est sans issue de ne surtout pas désespérer ni abandonner. Peut-être que vous accumulez les mauvaises nouvelles, que les épreuves semblent ne jamais finir ou comme moi avec le foot, il se pourrait que vous ayez commis la seule erreur de votre vie qui semble vous piéger dans un cercle vicieux jusqu'à ce jour. Mais tant que vous respirez, attendez-vous à ce que quelque chose de merveilleux vous surprenne. Une bonne nouvelle effacera vos doutes, vos peurs et vos moments d'incertitude, ainsi vous vous retrouverez, comme moi, à témoigner des bienfaits de Dieu, car Il est fidèle, en tout temps, et en toutes circonstances.

Rendons grâce pour chaque battement de cœur même si vous n'avez pas encore vu se réaliser ce que vous attendez, faites ce pas de foi avec moi, en célébrant déjà votre exaucement car Dieu vous connaît. En déclarant "Tout est accompli", Jésus a déjà tout orchestré, comme dans ces récits où, malgré les rebondissements, la fin heureuse est déjà gravée dans le scénario.

Livre IVème

« Cadeau du ciel : La grâce est
la plus belle des surprises »

Psaume 31 - De qui entends-tu les pleurs ?

Entre celui qui commerce autour de la mort et celui qui prie
pour rester en vie,
de qui agrées-tu les prières ?
Celui qui nourrit ses enfants en fabriquant des cercueils et
cette veuve qui n'a qu'un fils à l'agonie,
pour qui prêtes-tu l'oreille ?

Tes desseins sont parfois incompréhensibles, tes voies
troublent nos pensées.
Ce qui semblerait bon pour l'homme ne l'est pas forcément
pour toi.
Ce que l'homme condamnerait par sa justice, ta grâce ne
verrait aucune faute.

Instruis-nous à tes décisions justes, éloigne de nous les
insensés qui obscurcissent nos prises de décisions.
Car à tes yeux, même le meurtrier a droit à ton amour, tu
laisses le bénéfice du doute,
un temps de répit pour que le méchant se repente.

Tu connais l'homme mieux que lui-même.
Comment connaître ton cœur si tu ne nous le révèles pas ?
Comment vivre ton amour si tu ne nous l'enseignes pas ?

Au jour fatidique du jugement, plusieurs seront surpris.
Ta grâce aura secouru des voleurs, des malfrats, des
prostitués, des violeurs, des marchands de la mort, car ils
auront reconnu leur tort et cru en Jésus.

Ta grâce est une porte qui ne rejette pas le repentant.
Cela dépasse la compréhension de l'homme, qu'un Dieu
aussi Pur et Saint, veuille coûte que coûte sauver l'impie de
ses souillures.

L'homme s'étonne, beaucoup applaudissent ta miséricorde
aussi longtemps que le mal arrive aux autres, mais quand
cela les frappe, ils peinent à pardonner.
Ton pardon, tu le donnes à celui qui pardonne à son tour.

Le destin de l'homme est d'une dizaine d'années sur terre,
mais l'homme continue de croire que sa vie ne s'arrête
qu'ici-bas.

Ô Seigneur, aide-nous à pardonner.
Comment donnerons-nous des leçons à d'autres alors que
nous ne le pratiquons pas ?

Ô, aie pitié de nous, Seigneur, car nos cœurs sont remplis
de haine et nos visages font semblant d'aimer.

Psaume 32 - Tu m'as créé un nouveau cœur

Ta parole est venue avec joie et a trouvé un cœur brisé.
À elle, tu lui as donné une mission de bénir ton protégé,
mais le cœur de celui-ci est brisé par la méchanceté des
hommes.

Les chemins tout tracés que tu as mis dans son cœur ne
peuvent laisser ta parole suivre son cours.
Tel un labyrinthe, son cœur est devenu sinueux,
ses membres sont paralysés, l'ennemi a commencé à jubiler.

Guéris le cœur brisé de ton élu, il ne peut plus avancer.
Tous ses membres sont atrophiés par la douleur de la vie.
Ô Éternel, communique-lui ta vie.

Quatre de ses amis l'ont apporté à toi,
la foule l'empêche de te voir, de voir le Dieu qui pardonne.
Toi qui lèves les paralytiques, guéris son cœur brisé et dis-
lui devant tous ses oppresseurs que tu l'as pardonné.

Ton protégé veut te voir,
il veut marcher de nouveau, courir, s'envoler s'il le faut ;
rattraper le temps qu'il a perdu couché sur son lit de mort.

Ton protégé veut voir ta grâce l'accompagner pour faire à
nouveau ta volonté.

Psaume 33 - Les soupirs de mon âme

Dans mes nuits de solitude, je ne cesse de crier à l'aide.
Les os se dessinent sur ma peau, la réserve des larmes se
tarit dans mes yeux.
Mes joues s'atrophient et laissent paraître les creux de mes
souffrances.

Tu as créé les moments de solitude pour que l'homme se
souvienne de toi.
Le silence est devenu l'or, car même seul, j'entends les
autres dans mes pensées.
La culpabilité d'être le premier né, les parents qui
regrettent d'avoir dépensé leur vigueur.

Où es-tu ? Je ne cesse de crier à l'aide et j'ai comme
l'impression que tu te plais à me voir souffrir.
Je veille, je prie, j'aspire à entendre une parole venant de
toi.
Les prophètes ont parlé, des offrandes, j'en ai fait, mais tu
prends plaisir à rester silencieux.

Veux-tu m'apprendre à ne dépendre que de toi ?
Je me sens abandonné, même l'aide des autres est
conditionnée par des paroles dures à mon égard.
Ils veulent savoir si c'est toi qui m'as réellement appelé.
Je commence à douter de moi-même, bien que je voie
l'évidence de ta main tous les jours
et qu'autour de moi, je sens ta main me tenir.
Pourquoi restes-tu silencieux, Père ?

Veux-tu exposer ma nudité gratuitement ?
J'ai connu les nuits étoilées sous les ponts, le ventre affamé
et les lèvres déchirées par le soleil.
J'ai connu les habits troués, les poubelles ont été ma table à
manger.
Pourquoi restes-tu éloigné de ma cause ?

Ceux qui voulaient m'aider se détournent soudainement de
moi.
Ils ne s'approchent plus, comme si mon cas était
contagieux.
Je suis la risée des enfants, l'exemple à ne pas suivre et la
personne à éviter dans les places publiques.

De nulle part, tu surgis.
Tu combles le vide et les creux de mon existence.
Tu affranchis ma main de la mendicité et tu fais de moi une
natlon qui prête sans intérèt.

Sublime ma descendance, épargne-la de ma souffrance.
Mais attache à leur cœur mon histoire afin que l'humilité
soit leur arme et celle de leurs enfants bien après eux.

Fais de mon témoignage une bannière pour ma postérité,
une couverture à leurs décisions.
Fais de mon histoire une offrande d'actions de grâce pour
mes enfants.

Mes temps de douleurs ne sont rien à la vie éternelle que tu
me réserves.
Moi, je m'en vais à toi, eux viendront après moi.

Mais le chemin de ta grâce est tout tracé, l'abondance a un caractère ; elle ne se laisse pas aborder tant que Dieu ne l'a pas ordonné.
Tu l'as caché afin que mon cœur soit tout entier à toi.

Psaume 34 - Le Dieu de ma jeunesse

Ô fils de l'homme, ne t'attache pas à mes bénédictions.
Toi, le fruit de mes entrailles, regarde plutôt à l'alliance de
ton père.
Cela est la force dans ta faiblesse, le rempart de tes jours
difficiles.
La pluie viendra et trouvera mon accord avec le ciel.
La terre tremblera, elle trouvera mon alliance avec son
Créateur.

Venez à moi, petits-enfants, et écoutez la sagesse de votre
aïeul,
Moi, le vieillard, cadet de celui qu'on appelle l'Ancien des
jours.
Les cheveux blancs sur ma tête racontent les bienfaits de
mon Dieu,
Lui qui m'a pris de loin et m'a fait épouser cette nation.
Réjouissez-vous avec moi, car cette terre porte aujourd'hui
mon nom
Et ma postérité se la lègue de génération en génération, car
moi, leur père, je l'ai hérité par l'alliance.

Venez que je vous raconte ce que l'Éternel a fait avec moi
dans ma jeunesse.
Si Dieu l'a dit, qui pourra s'y opposer ?
Ces paroles sont des décrets irrévocables.
Lui, l'Éternel, qui parle peu, car chacun de ses mots est une
loi qui engendre des destinées glorieuses, mais qui détruit
aussi des royaumes orgueilleux.

*Il n'a de cesse de crier grâce, grâce et encore grâce sur la
vie du fils de l'homme.
Quelle joie de vous laisser son Nom en héritage,
Lui qui s'est révélé à nous en entier.
Il est la plénitude infiniment parfaite,
Il est le Dieu de mon alliance, le garant de la grâce,
Le gardien de toutes vies sur terre.*

*Célébrons-le et chantons à l'unisson pour celui qui ne
change pas et qui n'a que sa parole au-dessus de lui,
Le Dieu juste et fidèle !*

Psaume 35 - Il n'ont pas connu le jour de la grâce

Je suivais la foule qui criait "Alléluia".
Une marée humaine levait les mains et scandait "Hosanna".
D'autres répondaient comme un refrain : "Maranatha".
J'ai voulu voir qui c'était.

Il était sur un âne, vêtu d'habits d'homme.
Il était celui qui venait avec les clés de la ville en main,
mais plusieurs ne croyaient pas que c'était lui.
Alors, il pleura amèrement sur cette ville qui, pourtant,
avait l'accomplissement de sa prophétie à portée de main.

Plusieurs l'ont suivi par fanatisme, moi, je voulais savoir
qui il était vraiment.
Pourquoi se livrerait-il tel un agneau alors que sa race était
un lion ?
Je ne pouvais comprendre que Dieu prenne forme humaine
pour payer la faute de celui qui ne le mérite pas.

Moi aussi, j'ai crié "Hosanna" car son visage était reluisant
d'amour ; j'étais comme captivé par sa grandeur, lui qui
n'avait rien d'un révolutionnaire de guerre.
Sa seule arme était sa compassion pour l'homme, son
royaume venait pourtant à nous et nous n'y avons pas pris
garde.

Ne me laisse pas ici, car mes yeux se sont ouverts. Emmène-
moi aussi avec toi.
Il m'a dit : "Reste ici et dis-leur ce que tu as vu,
car plusieurs viendront aussi de contrées lointaines et
crieront avec toi 'Hosanna'.

Dis-leur que je reviendrai, car le bois n'a pas pu supporter le poids de ma gloire.
La terre a fait un malaise en voulant me garder, elle a vomi tous les saints à cause de ma gloire."

J'ai continué de crier "Hosanna" car son amour m'oppressait, et je ne cesse de crier "Maranatha" car je voudrais qu'il m'emmène avec lui dans son jardin d'amour.

Mon Seigneur, l'amour incarné du Père, gloire à ton saint Nom, et ce pour toujours.

Psaume 36 - Dieu nous a fait grâce

Affirme-t-il autre chose que la grâce ?
Demande-t-il autre chose que la joie ?

Pourquoi veux-tu souffrir pour prouver à tes oppresseurs
que tu supportes la douleur ?
Pourquoi veux-tu voir les hommes t'applaudir alors qu'ils
t'oublieront à la venue d'un autre héros ?

Dieu a choisi sa parole pour faire enfanter la vierge.
Dieu s'est donné la largesse de faire ce qui est impossible
aux yeux des hommes.
Il s'est donné lui-même pour que nous soyons bénéficiaires
de sa grâce.

Son amour pour nous a atteint le paroxysme de la
perfection, car jusqu'ici aucune créature n'a bénéficié
d'une telle attention et d'un tel soin.
Comme si cela ne suffisait pas de nous faire à sa
ressemblance et à son image,
il nous donne son Esprit sans mesure, et la plénitude est
dorénavant sur notre bouche.

Toute la création nous est soumise, et toute la gloire
réservée à son Fils est dorénavant la nôtre aussi.
Dieu a trouvé un mot pour se définir, et même les anges ne
s'en remettent pas.
Dieu a appelé cette manière d'agir la grâce.

Ô, quel mot parfait, agréable à entendre à l'oreille !
Elle caresse mon lobe et mon tympan en tremble de joie.

La grâce a été personnifiée, elle nous accompagne dans la
perfection de notre joie.

Gloire à Jésus, son messager ; gloire au souverain
sacrificateur de la grâce.

Psaume 37 - A celui qui a trouvé grâce à tes yeux

Ils m'ont invité à leur fête pour me tendre un guet-apens.
Ils ont prévu de me faire boire le breuvage mortel de leur
jalousie.
Leur coupe est remplie de haine à mon égard, pourtant je ne
cesse de les aimer.

Ils ont vu l'étoile sur ma vie, ils ont vu la faveur que j'ai aux
yeux du peuple,
et cela leur est insupportable, car leurs habits somptueux
ont été obtenus au prix de la sueur des brebis de l'Éternel.

J'ai enseigné la vérité, j'ai montré aux autres comment
aimer Dieu sans artifice.
J'ai prêché la grâce, et cela a fait fuir leurs adeptes, qu'ils
nourrissaient de terreurs.

Ils ont sali le nom de Notre Seigneur ; dans leur bouche,
c'est un slogan pour vendre des entrées dans les places
publiques.
Alors que c'était gratuitement que nous avaient été remis
des talents, leur avarice a fini par trafiquer les biens de
Notre Père.

Le juste juge revient, et plusieurs seront trouvés légers sur
la balance de la fidélité.
La gloire leur a été ôtée ; comme un vase de parfum vide, ils
n'ont que l'odeur, mais ils sont vides d'esprit.

Que l'ange de l'Éternel secoure son serviteur, je crie à toi,
car mon cœur innocent a cru qu'ils étaient toujours mes
frères.

*Aie miséricorde à leur égard, car ils t'ont renié et ont choisi
le père du mensonge.
Ils prétendent t'aimer, mais leur cœur a choisi Mammon.*

*Pitié pour tes brebis égarées, la masse court vers la mort ;
l'abattoir n'a plus de place pour les entasser tant ils sont
nombreux à venir aveuglément.*

*Ils cherchent tous l'espoir, la guérison, la chaleur d'un lit ;
personne ne leur a dit de croire que le salut est gratuit et
que ce n'est que par la grâce de Dieu.*

Psaume 38 - Choisi pour une destinée glorieuse

Serait-ce toujours moi le dernier à pardonner ?
Pourtant, c'est eux qui m'ont offensé.

Je ne cesse d'être humilié et rabaissé parce qu'eux
travaillent et gagnent un salaire.
Tu m'as dit que tu ne me veux que pour toi seul. J'ai
répondu, et je continue à être la risée dans les rues.

Ce jour-là, tu m'as répondu et tu as réjoui mon âme.
Mon fils, sache que la royauté te demande de connaître
ceux que tu dirigeras.

Le berger a plus de force à ses yeux qu'à son bras droit.
Grandis en sagesse et apprends auprès de moi
l'intelligence, et je t'enseignerai à observer les hommes.
Car celui qui sait rester calme face à l'adversité marque le
premier pas vers la victoire.

Mon fils, tu es appelé à diriger, ta patience sera l'atout
phare de tes stratégies.
Je ne veux pas seulement ton succès, mais je veux que tu
réussisses et que tu laisses un héritage à ta postérité.

Le nom n'est rien s'il n'est pas rempli des œuvres qui le
louent.
Désire un cœur nouveau, car le poids de ma gloire ne
repose que sur celui qui soupire après mon amour.

*Je serai ton puissant guerrier et tu seras mon arme.
Ma faveur ne te quittera jamais.*

*Je te donnerai les cœurs des hommes entre tes mains, car
telle est ma richesse sur terre.*

*Réjouis-toi, mon fils, car ta vie est un projet que je connais
par cœur.*

Psaume 39 - Jusqu'ici, tu m'as soutenu

À bien des égards, j'ai failli tomber ;
À bien des égards, j'ai failli tout abandonner ;
Mais je me suis souvenu que, jusqu'ici, je ne me suis jamais
porté moi-même.

Ta main bienveillante était là dans le ventre de ma mère.
Ta main puissante m'a fait gagner bien des combats,
visibles et invisibles.
Ta main de compassion m'a relevé alors que je
m'embourbais dans la boue du péché.
Ta main d'amour a essuyé mes larmes et soigné les
blessures de mon cœur.

Tu as toujours été mon soutien, ô Père.
Tu as toujours été un Père responsable,
ne voulant jamais que mon histoire ressemble à un regret,
mais plutôt à une fierté pour tous ceux qui m'ont connu
depuis mon jeune âge.

Pardonne-moi d'avoir douté tant de fois.
Ta nature surpasse mes caprices et mon infidélité.
Je me repens de mon découragement.

Je me remets à nouveau entre tes mains victorieuses, car
c'est en elles que se dessine l'avenir de tous tes enfants.

Psaume 40 - D'où viens-tu, Ô grâce !

Dans le creux du Christ, tu as été façonné.
C'est dans son moule que tu as fait tes premiers pas.

Ô grâce, de tout ce que tu as accompli à ce jour, ma question est : comment comptes-tu me surprendre encore ?

Mon entourage ne me comprend plus ; leur jalousie s'est résolue car ils ont compris qu'on ne peut rivaliser avec celui que tu accompagnes.

Je crains de tomber dans l'habitude, car c'est l'appât de l'orgueil.
Je continue à me languir de toutes tes promesses, car elles sont les sujets de ma contemplation et de ma dévotion pour mon Seigneur.

Tu m'as parlé 7777 fois, et tout ce que j'ai retenu, c'est : « Tu es mon bien-aimé, je te ferai encore du bien ».

Ô, la grâce de mon Sauveur m'a donné plus que l'étonnement de la manne ; elle m'a donné le salut pour l'éternité.

« *L'étincelle d'une nouvelle vie.* »

J'ai toujours été fasciné par l'être humain. Une question, en particulier, me hante depuis toujours : comment peut-on être foncièrement mauvais ? Comment une personne peut-elle nourrir une haine si profonde envers son semblable, au point de lui souhaiter du mal ? Tout au long de ma vie, cette interrogation m'a poursuivi et en cherchant des réponses, je me suis heurté à d'autres questions existentielles, celles que beaucoup d'entre nous se posent : "*Quel est mon but sur cette Terre ?*" Et lorsque les réponses tardent à venir, c'est là que le mal-être s'installe, ouvrant la porte à une profonde souffrance intérieure, à une perte d'identité.

C'est à partir de ce questionnement que je souhaite partager avec vous mon dernier témoignage. Mais il ne s'agit pas de parler que de mort physique mais aussi celle de l'intérieure, la mort de l'âme qui laisse les êtres vides de sens.

Voici mon cinquième témoignage : « *L'étincelle d'une nouvelle vie.* »

Il faut l'admettre, l'humain est un être aussi fascinant que complexe. Pour moi, il est le chef-d'œuvre ultime de la création. Fragile d'un côté, mais incroyablement fort de l'autre. Comment expliquer qu'un être capable de bâtir des architectures majestueuses qui traversent les siècles peut-il, en même temps, créer des armes de destruction massive capables de tout raser en quelques secondes ? L'homme porte en lui à la fois ce qui fait son bien et son mal.

L'un de mes plus beaux souvenirs est celui d'un voyage que mon père m'a offert en Italie, et plus particulièrement à Rome. Pour moi, cette ville est l'une des plus belles destinations au monde, non seulement à cause de sa gastronomie mais surtout en raison de la trace d'histoire qu'elle a laissée dans chaque bâtiment, chaque œuvre, chaque sculpture. Rome est une ville où l'ancien et le moderne se côtoient, et où l'on ressent véritablement le poids du temps car chaque brique raconte une histoire. Ce qui m'a le plus intrigué, c'est de penser à ces artistes visionnaires, qui, à partir de rien, ont créé des chefs-d'œuvre qui nous éblouissent encore aujourd'hui mais en même temps, cela me rappelle que ce que l'on croit acquis et éternel peut disparaître en un instant ; les puissants d'autrefois ne sont parfois plus que des souvenirs, remplacés et effacés par le temps.

Mais je ne veux pas vous perdre dans mes réflexions philosophiques interminables. Tout cela pour dire que l'homme demeure un véritable mystère.

Revenons à mon témoignage, puisque c'est le cœur de mon histoire. Je ne pense pas avoir été un adolescent à problèmes. J'ai toujours été précoce, et l'enfant en moi n'a jamais tout à fait disparu. Ma première vraie expérience loin de ma famille fut à 17 ans, lorsque j'ai commencé l'université et c'était la première fois que je devais vivre seul. Je rejoignais mon père au Sénégal, où il était en mission. Ce changement brusque fut un choc culturel et personnel car je découvrais une nouvelle manière de voir le monde. Ce petit garçon insouciant commençait à devenir un homme et sans l'éducation solide que mes parents m'ont donnée, j'aurais pu m'égarer facilement.

Mais plus le temps passait, plus je sentais que quelque chose s'éteignait en moi : la joie de vivre qui m'avait toujours animé disparaissait peu à peu, j'ai alors sombré dans une spirale de dépression. Mon mal-être intérieur devenait de plus en plus palpable ; mon père, pourtant, veillait toujours à ce que je ne manque de rien. Il m'a toujours offert les meilleures opportunités pour me préparer à un avenir brillant mais tout cela ne me comblait plus. J'avais perdu goût à la vie et me suis tourné vers la pire des solutions : la débauche, l'alcool, une existence sans but ni morale. Néanmoins, ce vide en moi demeurait constant et pesant. Seul dans ma chambre, je pleurais souvent et l'idée de mettre fin à mes jours commençait à s'installer dans ma tête.

Des années ont passé, malgré plusieurs diplômes, je ne trouvais toujours pas cette carrière qui aurait pu me donner un véritable sens dans la société. Mes amis, eux, travaillaient et avançaient dans la vie, et cela nourrissait en moi un profond sentiment de jalousie. J'avais honte de moi, honte de ne pas être à la hauteur de ce que mes parents attendaient de moi. À la maison, tout semblait en place mais intérieurement, je m'effondrais. Côté relations amoureuses, c'était un désastre. L'amour ne trouvait plus de place en moi, et je passais mon temps à chercher approbation et affection, en vain. Bien qu'entouré d'amis, je me sentais désespérément seul. Chaque fois que je prenais le volant, une petite voix me murmurait de foncer droit dans un mur et d'en finir. Bref, tout allait mal.

Et puis vint ce fameux 10 février 2019, une date qui allait marquer un tournant capital dans ma vie.

C'était un samedi soir comme les autres, où nous sortions pour faire la fête. J'étais au volant, accompagné de plusieurs amis, certains étaient sur une moto et nous devions tous nous retrouver dans une boîte de nuit. Comme à notre habitude, nous avions déjà bu pour "lancer" la soirée. Étrangement, malgré l'ambiance festive, l'un de mes amis sur la moto, André, prononça cette prière : "*Seigneur, couvre-nous par ton sang.*" Quelques jours auparavant, ma mère m'avait appelé, m'avertissant de prier, elle disait me voir constamment mort dans ses rêves. Je n'avais évidemment pas pris ses avertissements au sérieux, me contentant de vivre pleinement ma jeunesse en mode « *Carpe diem* ».

Nous roulions vite cette nuit-là, sur la corniche de Dakar, cette route qui longe l'Atlantique, c'est alors que tout bascula, j'ai perdu le contrôle de la voiture et l'accident fut brutal. Nous avions terminé notre course dans un dispositif électrique à haute tension, ce qui, je le crois, nous a sauvés. Sans cela, nous aurions fini dans l'océan. La voiture était méconnaissable mais miraculeusement nous sommes tous sortis indemnes. Le policier qui est venu sur les lieux pour le constat m'a dit que nous aurions pu mourir électrocutés, brûlés vifs, ou noyés. Pour lui, c'était de la chance, pour moi, c'était la grâce de Dieu.

Ce jour-là, j'ai vu la mort de mes propres yeux. Comme si je me réveillais d'un long coma., une étincelle s'est allumée en moi, me forçant à ouvrir les yeux sur la vie que je menais. Si je continuais ainsi, je savais que la prochaine fois, je n'y survivrais pas.

Le lendemain, j'ai pris une décision radicale et vitale : je devais impérativement accepter Jésus-Christ, et vite.

Le 18 février 2019, je me suis fait baptiser. Ce jour-là reste le plus beau de ma vie et depuis, tout a changé. Ce n'était plus qu'une simple étincelle, mais une véritable lumière qui est venue éclairer mon existence car une paix indescriptible a rempli mon cœur, et une joie nouvelle, que je ne puis décrire, a envahi chaque aspect de ma vie.

Je me souviens encore des personnes présentes lors de mon baptême : le pasteur Mignane Ndour, qui est devenu comme un père pour moi, et l'évangéliste Benjamin Coly, qui est aujourd'hui un grand frère et un mentor. Car au-delà de naître de nouveau, Dieu, par sa miséricorde et sa grâce, s'assure de bien nous entourer pour grandir pleinement dans la foi.

Mes parents, malgré leur éducation irréprochable et leurs encouragements constants, ne pouvaient pas combler ce vide abyssal. Il m'a fallu vivre cette expérience personnelle pour vraiment rencontrer le Seigneur. Jésus-Christ a transformé ma vie. Il a illuminé mon âme, m'a guidé vers ma destinée et a donné un sens à ma vie. Aujourd'hui, je célèbre sa grâce et témoigne de cette main qui m'a tiré des ténèbres pour m'introduire dans une ère nouvelle, une ère de paix, de lumière et de vie.

Livre Vème

« La Grâce, L'héritage des générations »

★ ★ ★ ★ ★

Psaume 41 - Quand la grâce se révèle

Tu sublimes mon quotidien.
Je me souviens encore, quand je m'étais assis dans
l'assemblée,
et que l'Esprit Saint soufflait une mélodie à mon âme.
Personne ne savait que je dormais par terre, cherchant
Dieu jour et nuit.
Je m'étais dit à moi-même que je me sèvrerais de ma
couche aussi longtemps que je ne verrais la main de Dieu
agir en ma faveur.

Et un jour, tu as introduit tes serviteurs dans ma vie.
Me voici, devant l'assemblée, pour exhorter et chanter à la
gloire de ton nom.

Je ne regrette pas de t'avoir donné toute ma jeunesse, je ne
regrette pas que tu m'aies fait connaître tes voies, ô Éternel.

Là où je n'espérais rien, tu as fait naître un homme
nouveau.
Je ne regretterai jamais, malgré les temps difficiles que je
traverse, car loin derrière moi, tu t'es toujours montré
fidèle.

Mon âme est en paix, et nul ne peut me convaincre du
contraire.
Si tu n'étais pas venu me chercher, ce serait sûrement la
terre qui m'aurait engloutie.

Je suis victime de ta grâce, et tu l'as juré sur ta Parole : tu
ne m'abandonneras jamais.

Mes temps d'incertitude m'ont appris à ne dépendre que de toi.
Les moments de rejet m'ont enseigné à ne dépendre que de tes bras d'amour.

Où étais-tu durant tout ce temps ? Assurément, tu as voulu me laisser rassasier du monde pour que j'en ai le dégoût et que j'en tombe malade ;
Tu l'as fait pour que ta vie soit le remède qui étanche pour toujours la soif inextinguible de mon âme.

Je ne regrette rien, car jusqu'ici ta bonté s'est tellement renouvelée que cela m'a révélé le sens de ta fidélité.

J'ai manqué de quoi manger et de quoi boire, cela m'a appris à jeûner.
J'ai manqué de quoi me vêtir, cela m'a donné de la compassion pour ceux qui vendent leur nudité au prix de quelques deniers.

Ma vie est devenue ta gloire, car tu y as investi tous tes bienfaits.
Aucun mot humain ne pourrait décrire ma reconnaissance, alors accepte toutes mes actions de grâce, Père, résumées en un seul mot : "MERCI".

Psaume 42 - A quoi mesure-t-on la grâce ?

À quoi mesure-t-on la grâce ?

Car l'homme m'a fait des promesses, mais cela ne dépendait que de sa disponibilité et du nombre de jours qu'il lui restait à vivre sur terre.

Pour ceux qui avaient de la bonne volonté à mon égard, ils se sont vite découragés, car d'autres répondaient mieux à leurs critères et à leurs intérêts.

Alors je m'étonne encore une fois : à quoi mesure-t-on la grâce ?

Je marche et je demande à tout homme de m'aider, une seule réponse sur leurs lèvres : "Pourrais-tu d'abord faire ceci ou cela pour moi ? Je te donnerai à mon tour ce que tu cherches."

À quoi mesure-t-on la grâce ? Je veux en avoir le cœur net.

Alors je me suis approché de toi, Père, car tu en es l'initiateur.
Ton éternité t'empêche de parler plusieurs fois sur un sujet, car cela demeurera à jamais.
Réponds-moi, car je n'ai plus d'issue valable. Mes pieds m'ont conduit vers ta créature, mais à chaque fois, mon cœur en fut brisé.
Il sied alors de revenir vers le Créateur, car en lui, toute question a sa réponse et tout problème, sa solution.

*À quoi mesure-t-on ta grâce ? est-ce par une promesse ? Tu
m'as répondu : "C'est du cœur de la personne qui te dit
'faveur'."*

*Ô Père, tu n'as qu'une parole, alors je mesure la grâce à
son créateur :*
*infinie est la grâce, amour est la grâce, fidèle est la grâce,
vérité est la grâce, bonheur est la grâce,*
*car celui qui me l'a donné en est la source originelle,
l'Omniscient, l'Omnipotent et l'Omniprésent.*

*Je ris encore. J'ai voulu mesurer la grâce sur les paroles
des hommes ; je m'en suis vite repenti.*

*Gloire à celui qui me fait grâce depuis son trône élevé, car
il habite dans un lieu d'abondance, et ses provisions sont
variées et inépuisables.*

Psaume 43 - Le Sanctuaire du Souverain Sacrificateur de la grâce

La richesse de l'homme s'est avérée être limitée après sa mort,
tandis que ta grâce m'a fait vivre dans l'abondance et m'a ouvert les portes des richesses éternelles.

La joie du ciel est indescriptible, aucune langue humaine ne peut élucider le mystère de la beauté de la Nouvelle Jérusalem.
J'ai vu les pans de ta robe remplir ton temple, ta main me conduisait, et je voyais cette eau de cristal qui traversait le jardin verdoyant.
Des fruits d'une texture parfaite gardaient en eux le pouvoir de la guérison pour toutes les maladies sur terre.

Tu étais magnifique et tu dégageais une gloire que mes yeux n'avaient jamais vue.
Vêtu d'or et de pierres précieuses, tu m'as recommandé d'aller dire aux hommes que les pans de ta robe guérissaient.

J'ai vu ton tabernacle, celui des hommes n'avait rien de comparable.
Ils venaient par centaines, par milliers, pour y faire consumer leur victime expiatoire. La fumée les rassurait, pensant que leur conscience effacerait l'accusation semée par le diable.
Mais tu leur laissais une année pour comprendre que seule ton arche portait la vie, car tout ce qui s'y trouvait ne pouvait périr.

Ô Père, pourtant, dès le parvis tu leur as montré l'infinité
de ta miséricorde.
Si les orfèvres ont suivi à la lettre tes mesures pour tous les
ustensiles du saint tabernacle, pour la cuve d'airain, tu n'en
as point donné.

Tu m'as fait voir ton tabernacle, celui des hommes n'était
pas pareil.

Tu leur as fait la faveur de déchirer le voile, car leur âme
devait épouser ton esprit.
Mais qui a eu la révélation ? Si ce n'est ceux qui se sont
cachés dans ce lieu secret qu'est Christ.
Qui a su que c'était ton doigt puissant qui a déchiré ce que
Betsalel avait cousu par inspiration ?

J'ai vu ton temple, celui des hommes n'était pas pareil.
Ils ont mis trop de lumières sur les estrades, alors que de toi
émane la Lumières qui éclaire l'ignorance des nations.

J'ai vu ton temple, car aujourd'hui je me suis miré dans ta
parole, et j'ai compris que c'était moi que je regardais.

J'ai entendu ta chorale, elle ne bougeait point les lèvres,
mais leurs cœurs chantaient à l'unisson,
tous éblouis par ta sainteté.

J'ai vu ton temple, je ne suis plus pareil

Psaume 44 - Nous chantons Ta sainteté

Tu es saint, tu es saint, tu es saint.

Je ne veux être nulle part ailleurs, juste chanter :
"Tu es saint, tu es saint, tu es saint".
Que les trompettes sonnent, que les cymbales retentissent.

Tu es saint, tu es saint, tu es saint.

Tu remplis l'assemblée de ta gloire car tu as élu domicile
parmi eux.
Ils te contemplent et sont épris de ta beauté qu'aucune main
n'a pu peindre.

Tu es saint, tu es saint, tu es saint.

Ta lumière nous envahit, ta splendeur nous éblouit.
Si nous n'avions pas nos cœurs, qu'est-ce que nous
pourrions te donner de meilleur ?

Tu es saint, tu es saint, tu es saint.

Nos pieds ne touchent plus le sol, ta gloire nous fait prendre
notre envol.
Tu nous convies au festin des rois, je m'empresse de
m'asseoir à ta table.
Tu es saint, tu es saint, tu es saint.

Qui peut se comparer à toi, toi qui d'un simple regard as
conquis nos cœurs,
toi, l'expression de l'amour manifeste et incarné, toi qui
remplis ciel et terre.
Tu es saint, tu es saint, tu es saint.

Psaume 45 - La vocation des élus de la grâce

Notre histoire a commencé auprès de toi.
Alors que nous n'étions qu'esprits, tu nous connaissais et à chacun tu as donné un nom.

Tu as vu que cette nation avait besoin de salut, alors tu as choisi plusieurs d'entre nous et tu nous as formé des corps.
Ô Esprit de Dieu, tu nous as fait fondre à la masse pour que nous sachions vivre comme ceux de la race humaine.

Nous t'avions perdu à cause de la méchanceté qui a corrompu le sang de ces familles.
Le diable les détenait captifs, alors tu as voté une loi depuis le ciel pour qu'eux aussi se réconcilient avec toi.
Tu nous as alors envoyés en cohorte pour une mission, toi, le stratège par excellence.

Tu nous as fait précéder par la grâce afin que nous ne nous perdions pas en chemin lors de notre retour auprès de toi.
Nous serons enfin libres de ce corps mortel et nous recouvrirons notre statut d'antan, celui des fils de Dieu élevés dans la gloire.
Puisse ce jour arriver où nous te reverrons à nouveau, Père des lumières.

Nous soupirons après ta venue, Christ, tous assoiffés de ton règne éternel.
Nous trouveras-tu fidèles ? Toi seul le sais.
Pour l'instant, nous sommes avides de ta présence.

Console-nous par ton Esprit Saint, mais la quête est de te revoir, toi, le Saint des saints,
car tu es le lieu de notre repos, l'espérance de notre joie éternelle.

125

Console-nous par ton Esprit Saint, mais la quête est de te revoir, toi, le Saint des saints,
car tu es le lieu de notre repos, l'espérance de notre joie éternelle.

Psaume 46 - Ils ont tous voulu plonger le regard dans le livre de la grâce

Ta grâce est démesurée, elle est incompréhensible.
Qu'est-ce qui peut la contenir ? Elle déborde et ne s'arrête jamais de se verser.
Ô Dieu, toi qui détestes le gaspillage, tu cherches un récipient dans lequel déverser cette surabondance.
La pression de ta grâce est si grande qu'elle détruit tout ce qui tente de s'y accommoder, et ceux-là finissent par être imbus d'eux-mêmes.

Alors, tu cherches une graine morte, celle que l'on jettera en pâture, oubliée le long du chemin.
Mais c'est précisément celle-là que tu ressusciteras du fond des abîmes pour en faire l'arbre principal des champs.

Les anges sont curieux, ils ont voulu savoir.
Les 24 vieillards désirent apprendre.
Les prophètes se sont tenus à la brèche, mais tu as réservé cette révélation à un seul récipient : Un cœur à qui tu as révélé la largeur, la longueur, la profondeur et la hauteur de ton amour.
Oh oui, le seul qui peut contenir ta grâce et devenir son dispensateur,
c'est celui dont le cœur est saturé de ton amour intarissable.
Lui seul a le droit de porter ta grâce surabondante.
Lui seul a la capacité de la déverser à l'assemblée.
Car à lui, tu t'es montré tout entier, sans réserve,
et tu t'es révélé comme l'Amour incarné.

Psaume 47 - Sauve nos enfants par ta grâce, Père !

Mon âme s'est déchirée lorsque j'ai vu un enfant, désespéré,
voulant se donner la mort.
La souffrance ne fait pas de distinction, elle ne connaît ni
âge ni statut.
Elle s'abat sur l'embryon dans le ventre et prive le
nourrisson d'embonpoint.
Ô mes yeux, ne cessent de couler des rivières de larmes.
Père, délivre ces enfants ;
car ils n'ont point demandé de venir sur cette terre.
Comment les erreurs des plus grands peuvent-elles
condamner ces innocents ?

La malédiction des pères, l'absence de la mère,
ont poussé l'enfant dans l'abîme de la débauche.
Ils sont livrés à eux-mêmes, errants sans guide,
Et mon cœur, Père, ne cesse de saigner.
Le mal ne choisit pas son âge, il recrute même aux
mamelles,
Il dévore leur innocence avant qu'ils n'aient pu grandir.

Puisse ta miséricorde les préserver et en sauver un grand
nombre.
Que les ténèbres reculent et que ta lumière éclaire l'avenir
de ces générations.

Où sont les anges qui veillent sur eux, se tiennent-ils
toujours devant ta face ?
La jeunesse est méprisée, l'avorton jeté dans les décombres,

Et les coins sombres, aux odeurs de mort, sont devenus le
marché de l'avortement.

Ô Seigneur, aide ton peuple à voir ce que tu vois en nos enfants.
Mon cœur saigne pour ceux qui ont été privés de leur enfance,
Esclaves de la prostitution, de la drogue, des tromperies des plus puissants.

Puisse ta justice se répandre,
Et que le sort de l'humanité change par la puissance de ton salut.

Fais grâce à nos enfants, fais-leur grâce, ô Dieu.
Que les fruits de nos vigueurs soient meilleurs que nous ;
que les premiers-nés deviennent le repos de leurs pères, la joie de leurs mères, le modèle de leurs frères et sœurs ;
qu'ils te servent dès le berceau,
et que leurs langues chantent tes bienfaits dès la mamelle.

Que nos enfants soient sages et intelligents ;
qu'ils demeurent fidèles à ta parole,
ainsi mon âme se reposera en paix.
Alors, tu me diras : "Bon et fidèle serviteur,
Tu as gardé les brebis que je t'ai confiées,
Et tu en as fait des bergers à leur tour."

Hosanna ! Gloire à toi, ô Dieu des générations.

Psaume 48 - Où es-tu Père ?

*Je suis monté sur la montagne la plus élevée, mais ton ciel
m'a paru encore plus éloigné.
J'ai pris les airs pour contempler les nuages, mais les
étoiles me semblaient inaccessibles.*

*J'ai comme l'impression que plus je m'efforce de te
rencontrer, plus tu sembles te cacher.
Alors, je me suis découragé, c'est là que tu m'as dit que tu
étais déjà dans mon cœur.
Aucune science ne pourrait expliquer qu'un Dieu aussi
grand ait choisi domicile dans un lopin de boue devenu
argile, comme moi.*

*Là où tu te caches, c'est là où on s'y attend le moins, car tu
veux attirer le regard sur le vil, le dérisoire et le méprisable
pour considérer l'humilité plutôt que la gloire.*

*Où sont les séraphins, les archanges, pour m'expliquer qui
tu es ? Te voir me paraît irréel, tu m'as encore rappelé que
tu te révèles à moi chaque fois que mes yeux s'ouvrent le
matin, quand je me regarde sur un miroir.*

*Je veux jeûner pour t'impressionner, je veux m'abstenir de
ma couche pour que tu me répondes.
Tu me répliquas d'une voix douce et légère :
« Ô fils de l'homme, si tu savais combien de batailles j'ai
menées pour ta vie sans que tu n'aies levé un seul doigt !
Penses-tu que cela m'impressionne ou me fait lever de mon
trône ?*

Ton ignorance te perdra, tu t'éloigneras quand tes forces prendront congé de tes membres.
Sache que ma grâce et ta foi font la majorité, elles font équipe depuis que j'ai tendu l'oreille droite à ton intercesseur.
Il s'était fait chair et sang comme toi, alors il te comprend mieux que toi.

Jeûne alors, mais pour ma volonté. Soumets-toi à ma volonté et tu verras tout t'appartenir dans ce siècle et dans celui qui est proche.
Aime-moi pour qui je suis, alors tout de moi t'appartiendra. »

C'est alors que je me suis dit que ta grâce est ma richesse et ton amour, le lit sur lequel je me couche.
Ne les éloigne plus jamais de moi et je te verrai enfin face à face.

Psaume 49 - Nous chantons Ta Gloire …

Que le feu de ton autel ne s'éteigne pas,
que la gloire qui se répand ne s'arrête pas,
que l'élan de tes saints ne ralentisse pas.

Ô toute l'essence de ta joie, nous la voulons.
Ô Père, remplis ce lieu de ta gloire,
remplis ce lieu de ta joie.
Ô fais couler encore l'huile sur moi,
Ô fais couler l'huile de ta joie.

Que le feu de ton temple ne s'éteigne pas,
que la gloire sur ton oint ne disparaisse pas,
que les flots de ton torrent ne tarissent pas.
Ô nous voulons l'huile de ta joie.

Gloire, Ô Père, gloire au Fils, gloire au Saint-Esprit,
notre Consolateur.
Gloire, Ô Père, à celui qui vient et à celui que tu nous
présenteras.
Ta gloire remplit nos cœurs et nos genoux ne peuvent le
supporter.

À tes pieds, nous crions Hosanna !
Que ton feu sur nous ne s'éteigne pas,
que ta puissance en nous ne s'épuise pas,
que ta main de gloire ne nous quitte pas.
Ô Père, nous attendons de crier de joie !

Qui a parcouru la terre en une fois ?
Qui a vu le fond des mers,
si ce n'est celui dont le regard est posé sur nous ?

Nous chantons : gloire, gloire, gloire à celui qui nous attend les bras ouverts !
Nous chantons : gloire, gloire, gloire à celui qui nous porte sur ses ailes !

Amen.

Nous chantons : gloire, gloire, gloire à celui qui nous attend les bras ouverts !
Nous chantons : gloire, gloire, gloire à celui qui nous porte sur ses ailes !

Psaume 50 - Mon âme est dans la joie

Je me suis réveillé en chantant, je ne sais d'où me vient
cette joie indescriptible.
Est-ce une bonne nouvelle qui m'attend aujourd'hui ?
Serait-ce le songe de ma dernière nuit ?

Il y a quelque chose en moi qui me pousse à célébrer, je
chantonne moi-même alors que la réalité montre le
contraire.
Suis-je devenu fou ? Ô fou de joie, je le suis.
Mes jambes ne peuvent le contenir, je me mets à danser, au
rythme de chaque action de grâce qui parfume mes lèvres.

Ô jour de fête, jour de joie, car on m'a dit que mon Roi
m'aime.
Et quand j'ai vu mon frère au visage abattu, je lui ai répété
ce que mon cœur ne peut contenir :
« Dieu t'aime, mon frère, il est ton Père, ma sœur. »

Ma joie est contagieuse, venez danser avec moi, car nos
fardeaux sont désormais dans ses bras.
Je ne puis me retenir de crier, les rues me voient tourner sur
moi-même.
Personne n'a d'importance si ce n'est que mes yeux sont
rivés sur ses bienfaits innombrables dans ma vie.

Je souris à la vie, je rigole de la jalousie, je ne suis plus le
même.
Ô je suis victime de sa grâce, condamné à réussir, assuré
d'être victorieux de tous mes combats,
car il sait satisfaire aux besoins des cœurs qui
s'abandonnent à lui,

les cœurs qui n'ont que lui et dont les oreilles ne s'apaisent
qu'à l'écho de sa voix.
Mon âme est en repos, car mon Rédempteur est mon
pâturage.

Ma vie est un psaume qui chante à ses oreilles, un parfum
de bonne odeur qu'il inhale.
Ils chantent mes cantiques parmi les anges et mon
adoration est devenue leur modèle.

Il approuve mes pas, car c'est lui le chemin de ma destinée.
Il souffle et accentue les résultats de mon travail.
Ma forteresse, il est, ma réponse, il demeure.

Ma joie, pourrai-je la contenir ?
Je n'ai encore rien vu, mais mon âme témoigne qu'il m'a
exaucé.

Alléluia ! Amen !

Chers lecteurs et auditeurs, puis-je vous poser une ultime question, la dernière de ce livre :
« Un psaume peut-il vraiment avoir une conclusion ? »

Si celui à qui il est destiné est éternel, alors je me permets d'affirmer que nos psaumes continueront de résonner bien après nous, tout comme ceux de la Bible qui ont inspiré nos ancêtres dans la foi et continueront d'inspirer les générations futures. Et j'espère qu'un jour, dans la félicité céleste, nous aurons la joie de célébrer Dieu aux côtés des auteurs de ces psaumes.

Nous avons célébré la grâce, cette volonté profonde et souveraine de Dieu, notre Père, qui émane de sa nature intrinsèque et manifeste : l'Amour !

Au-delà de mes témoignages, je suis convaincu que vous avez, vous aussi, des histoires extraordinaires à partager, pour l'édification de votre entourage. Mais plus encore, que vos récits servent d'offrandes d'action de grâce, agréables et d'une bonne odeur aux yeux de Celui qui en est digne.

Que chaque psaume que vous écrirez, ou que vos lèvres prononceront, soit le reflet intime de votre révélation de Dieu. Que ceux qui vous écouteront sachent, à travers vos paroles, que vous le connaissez personnellement. L'humilité qui en découlera vous ouvrira les portes d'une grâce encore plus excellente, cette grâce divine que Dieu nous appelle à dispenser autour de nous. Mais bien plus encore, que cela vous conduise à la gloire de ce Dieu admirable qui nous a aimés avant la fondation du monde.

J'ose croire que ce livre a servi de thérapie à votre âme, que vous aviez besoin de cette prise de conscience pour réaliser qu'il y a toujours de l'espérance, même au cœur du chaos. La vie est une belle aventure, mais elle reste obscure pour celui qui ne connaît pas la destination, même s'il a les yeux grands ouverts. La grâce assure notre salut, et la foi est cette vision qui guide nos pas vers cette merveilleuse promesse d'éternité.

À ceux qui perçoivent Dieu comme lointain, sachez qu'Il vous appelle sans relâche. Ce livre est l'un des échos qui retentit dans vos cœurs, vous invitant à rejoindre la grande famille de notre Père céleste. Jésus est la porte, et son nom est la clé immuable de la joie éternelle. Il suffit de croire en Lui pour que votre vie prenne un tournant radical, où plus rien ne sera comme avant.

Oui, cela peut sembler trop simple, et pourtant, c'est la vérité ! La grâce a poussé Dieu à prendre sur Lui la responsabilité de l'effort pour que nous bénéficions des fruits de ses œuvres. À la croix, Christ a proclamé : "*Tout est accompli*", statuant que même après une mort apparente, la résurrection est la finalité. Jésus est le chemin qui vous conduit au salut éternel.

Pour conclure, le Seigneur m'a convaincu de vous dire que chacune de nos vies est un psaume, un chef-d'œuvre écrit de sa main victorieuse. Tout ce que nous lui offrirons en retour ne fera que confirmer qu'il n'y a rien ni personne de semblable à Lui, ni dans les cieux, ni sur la terre, ni dans les profondeurs et cela pour les siècles des siècles.

Conclusion

Que Notre Père, le Dieu de toute grâce excellente et don parfait, vous bénisse abondamment.

Au nom de Jésus-Christ ! Amen !

A très Bientôt....

Be Blessed !

Remerciements

Jésus-Christ, la source de mon inspiration

Ma partenaire de vie, Thérèse (*Mama ya bana*),
Papa Noël et Maman Sabine, Papa Mignane et Maman
Marie Hélène, Papa Tidiane Baldé, Papa Mbaya (à *titre
posthume*) et Maman Charlotte, Maman Chantal Kibonge,
Maman Yolande, Papa Papy Akongo, Ev. Benjamin et
Amelie Coly, S.E. Gabriel Ndiaye, Moïse-Rocard Ntsiba,
Christ Mbina, Antoni Mouguengui, Pst. Laurent Betegne,
Pst. Pierrot Tshiaba, Pr. Lebon M. Kolamoy, Rév. Elie
Diatta Bikamoi Pr. Jérémie et Pascaline Bingambe, Rabbi
Ghonda, Timothée et Grâce Tunda, Chloé A. Tshibambe,
Danie Gario, Anna Ondo, Pr. Mimshach Mukekwa, Thierry
Biyogho-Ondo, Juan E. Marcos, Polydore et Henriette
Mundeke, André Lignon et Céline Paka ;

Ma chaleureuse famille que j'affectionne particulièrement ;

La Cité de la Parole, AD Temple des Nations, Eglise Vie
Nouvelle,
Le corps du Christ dans le monde ;

Ainsi qu'à vous tous qui contribuez de près ou de loin à
construire l'ami, le frère, le fils, le père et l'époux que je
suis aujourd'hui. Du plus profond de mon âme, je vous
aime…
Pour finir, merci à vous, chers lecteurs et auditeurs de mon
premier livre. Si le Seigneur me permet d'écrire, c'est
surtout grâce à vous.

Gaël Bobo, originaire de la République Démocratique du Congo, incarne une vie dédiée à la foi, au service des autres et à la quête d'une justice bienveillante. Dès son plus jeune âge, il a manifesté une profonde compassion, un rejet catégorique de l'injustice, et une capacité naturelle à réconforter ceux qui en ont besoin, qu'ils soient proches ou inconnus. Sa personnalité est marquée par un sens aigu du don de soi, valeurs qu'il partage avec son épouse, Thérèse, qu'il appelle affectueusement en lingala « *Mama ya bana* » (Mère d'une multitude).

Sur le plan académique, Gaël a brillamment construit son parcours au Sénégal, pays auquel il est profondément attaché. Il est titulaire de plusieurs diplômes, dont un Master 2 en Défense, Paix et Sécurité du Centre des Hautes Études de Défense et de Sécurité du Sénégal (CHEDS), un autre en Développement Rural et Coopération, ainsi qu'une maîtrise en économie appliquée de l'Université Gaston Berger (UGB). Il détient également un certificat en management de projet de l'EM-Lyon Business School. En tant que consultant, formateur et chef de projet européen au sein d'Anemo, organisation de conseil et de formation spécialisée en Intelligence interculturelle, Gaël joue un rôle clé dans des projets internationaux, renforçant la coopération entre cultures à travers l'Europe.

Au-delà de ses accomplissements professionnels, c'est sa foi qui demeure sa plus grande source de fierté. Son parcours est marqué, en premier lieu, par l'obtention d'une attestation en théologie à l'Institut Biblique International par les Médias (IBIM) en 2022, symbole de son profond engagement spirituel. Mais c'est surtout en parcourant les villes et villages du Sénégal aux côtés du Révérend Mignane Ndour, de l'Évangéliste Benjamin Coly, et du département d'évangélisation de l'Église AD Temple des Nations de Dakar, qu'il a cultivé sa passion pour l'Évangile et forgé son cœur au service dans les ministères doctoral, évangélique et prophétique. Aujourd'hui basé en France, il dirige avec passion le ministère **La Cité de la Parole**, prêchant un message centré sur le pardon, la grâce et l'espérance. Chantre, compositeur, écrivain, prédicateur et enseignant de la parole de Dieu, Gaël consacre son énergie à transmettre un message puissant de transformation spirituelle par l'Evangile de la Grâce, convaincu que la vie bâtie sur la parole de Dieu en élève d'autres.

Son premier livre, *Psaume à la grâce : une thérapie de l'âme*, est bien plus qu'une œuvre littéraire. C'est une invitation à la découverte de soi à travers le prisme de la foi en Dieu, un voyage vers la guérison spirituelle de l'être intérieur. Gaël pousse le lecteur à se laisser sonder l'âme par l'Esprit de Dieu, à libérer ses blessures et à s'ouvrir à la restauration totale par la paix et la joie que seule la révélation d'une profonde intimité avec Notre Père céleste, et de Sa grâce surabondante manifestée en Jésus, peut offrir. Ce livre est une véritable thérapie de l'âme, un chemin vers la réconciliation avec soi-même et avec son Créateur, guidé par la lumière de Sa parole.

Table des matières